BEI GRIN MACHT SICH IHR WISSEN BEZAHLT

- Wir veröffentlichen Ihre Hausarbeit, Bachelor- und Masterarbeit

- Ihr eigenes eBook und Buch - weltweit in allen wichtigen Shops

- Verdienen Sie an jedem Verkauf

Jetzt bei www.GRIN.com hochladen und kostenlos publizieren

Kultursensible Gestaltung von Arbeitsbeziehungen in den Hilfen zur Erziehung. Video-Home-Training (VHT) als methodischer Zugang

Lara Hein

Bibliografische Information der Deutschen Nationalbibliothek:

Die Deutsche Nationalbibliothek verzeichnet diese Publikation in der Deutschen Nationalbibliografie; detaillierte bibliografische Daten sind im Internet über http://dnb.d-nb.de abrufbar.

ISBN: 9783346595010
Dieses Buch ist auch als E-Book erhältlich.

Titelbild: Freepik.com; Covergestaltung: Claudia Mayerle

Druck und Bindung: Books on Demand GmbH, Norderstedt Germany
Gedruckt auf säurefreiem Papier aus verantwortungsvollen Quellen

Das vorliegende Werk wurde sorgfältig erarbeitet. Dennoch übernehmen Autoren und Verlag für die Richtigkeit von Angaben, Hinweisen, Links und Ratschlägen sowie eventuelle Druckfehler keine Haftung.

Das Buch bei GRIN: https://www.grin.com/document/1181556

"Diversity is not about how we differ.
Diversity is about embracing one other's uniqueness."

Ola Joseph

Inhaltsverzeichnis

Abbildungsverzeichnis I

Tabellenverzeichnis II

Abkürzungsverzeichnis III

1   Einleitung 1

2   Das Phänomen Kultur - Versuch einer Einordnung 3

   2.1   Natur und Kultur 4

   2.2   Der Kulturbegriff wissenschaftshistorisch betrachtet 5

   2.3   Kultur als Bedeutungskomplex 7

   2.4   Wie begegnen sich Kulturen? - Transkulturalität als Beschreibung veränderter Realitäten 9

3   Familien unterschiedlicher Kulturen als Adressatinnen der Hilfen zur Erziehung 13

   3.1   Familienbilder im Wandel 14

   3.2   Anforderungen an Familien in der Postmoderne 15

   3.3   „Kulturell andere" Familien – Diskurs über die Kategorie „Migrationshintergrund" 17

4   Zwischenfazit – Die professionelle Arbeitsbeziehung als Lösungsansatz . 22

5   Die professionelle Arbeitsbeziehung in den Hilfen zur Erziehung – Merkmale und Spannungsfelder 24

   5.1   Professionelle Beziehungsmodelle nach Oevermann und Müller – eine Skizze 24

   5.2   Merkmale von professionellen Arbeitsbeziehungen in den Hilfe zur Erziehung 25

      5.2.1   Prozesshaftigkeit 25

      5.2.2   Netzwerkförmigkeit 26

      5.2.3   Zeitliche Begrenzung und spezifischer Gegenstandsbezug 27

   5.3   Spannungsfeld Hilfe und Kontrolle 27

   5.4   Spannungsfelder Asymmetrie der Arbeitsbeziehung sowie Abhängigkeit und Hilfe zur Selbsthilfe 28

   5.5   Spannungsfeld Rollendiffusität sowie Nähe und Distanz 29

   5.6   Kritische Reflexion und Thesen zu Arbeitsbeziehungen in den Hilfen zur Erziehung 30

5.7   Spannungsfeld Kultur als Bezugsgröße und Gefahr der Kulturalisierung 32

6   Kultursensibles Arbeiten in den Hilfen zur Erziehung 33

6.1   Der professionelle Habitus 34

6.2   Kultursensibilität als Teil des professionellen Habitus 36

6.3   Ergänzung der Spannungsfelder durch den Blick durch die „Kulturbrille" 36

7   Zwischenfazit - Methodisches Vorgehen zur Unterstützung der Beziehungsarbeit 40

8   VHT als Methode in den Hilfen zur Erziehung 42

8.1   Zielsetzung von VHT 42

8.2   Gelingende Kommunikation und Interaktion als Kern von VHT 43

8.2.1   Das Kontaktritual 43

8.2.2   Die fünf Schritte der Basiskommunikation 45

8.3   Vorgehen und Ablauf von VHT 47

9   Empirischer Teil: VHT zur Unterstützung von kultursensibler Gestaltung von Arbeitsbeziehungen 49

9.1   Methodische Herangehensweise 49

9.1.1   Forschungsgegenstand 49

9.1.2   Eintritt ins Feld und Datengenerierung 51

9.1.3   Forschungsethik und Gütekriterien der Forschung 53

9.1.4   Forschungsmethode 55

9.1.5   Datenauswertung 59

9.2   Ergebnisse der Gruppendiskussion „VHT International": Diskursbeschreibung 65

10   VHT als methodischer Zugang zur kultursensiblen Gestaltung von Arbeitsbeziehungen 81

11   Fazit und Ausblick – Institutionen in der Verantwortung 86

Literaturverzeichnis IV

Anhang XX

12.1   Dokumente teilnarrative Leitfadeninterviews XX

12.2   Dokumente problemzentrierte Gruppendiskussion XXI

Abbildungsverzeichnis

Abbildungsbezeichnung	Seite

Abb. 1: Zusammenhänge der festgestellten Anforderungen und
Lösungsmöglichkeiten 23

Abb. 2: Zentrale Erkenntnisse der Arbeit auf einen Blick 87

Tabellenverzeichnis

Tabellenbezeichnung   Seite

Tab. 1: Zuordnung der Basiskommunikationsprinzipien in
das Kontaktritual in Anlehnung an Schepers und König (2000: 39).....45

Tab. 2: Transkriptionsregeln für die teilnarrativen Leitfadeninterviews
(Dresing und Pehl 2018: 21–24) XX

Tab. 3: Transkriptionsregeln für die problemzentrierte Gruppendiskussion (Bohnsack 2021: 255–257) XXI

Tab. 4: Begrifflichkeiten der Diskursorganisation (Gruppendiskussion) XXVIII

Abkürzungsverzeichnis

	Bedeutungen der Abkürzungen
BDS	*Berufsverband Deutscher Soziologen [!]*
bspw.	*beispielsweise*
DGS	*Deutsche Gesellschaft für Soziologie*
mind.	*mindestens*
ORION	*Stiftung aus den Niederlanden zur Förderung der pädagogischen Arbeit mit Videobildern; gegründet von Maria Aarts und Harrie Biemans*
SPIN	*Stichting Promotie Intensieve Thuisbehandeling Nederland (dt.: Stiftung zur Förderung der intensiven häuslichen Behandlung in den Niederlanden)*
usw.	*und so weiter*
vgl.	*vergleiche*
VHT	*Video-Home-Training*
VIG	*Video Interaction Guidance (VHT im englischsprachigen Raum)*

1 Einleitung

Die Globalisierung und ihre Auswirkungen auf die Gesellschaft können als Wandel von historischem Ausmaß bezeichnet werden (Lüddemann 2019: 103–104). Dabei bleibt kein Lebensbereich von den immer schneller voranschreitenden Veränderungen unberührt und gesellschaftliche, ökonomische und auch kulturelle Aspekte im Prozess des Wandels greifen ineinander, bedingen und beeinflussen sich (Rehbein und Schwengel 2008: 13–14). Durch die Entstehung eines weltweiten Kommunikationsraums, einer Zunahme globaler Migrationsbewegungen und die Entgrenzung aller Lebensbereiche ergeben sich neue Fragen des Zusammenlebens, und Diskurse über Identität und Kultur treten in den Vordergrund (Rehbein und Schwengel 2008: 227–228; Borchardt 2012: 6).

> „Die Gegenwart ist nicht mehr das, was sie einmal war, ist man versucht zu sagen, angesichts des rasanten Tempos gesellschaftlicher Entwicklung. In beschleunigtem Maße veraltet das gesellschaftliche Wissen, gleichzeitig verlieren tradierte Einordnungs- und Verhaltenshilfen in Form von Institutionen mehr und mehr ihre dienliche Funktion. Was im ‚Großen' gilt, gilt auch für das alltäglich ‚Kleine'." (Koziol 2003: 54)

Die widersprüchlich angelegten, fragmentarischen und vielfältigen Gegebenheiten einer postmodernen Gesellschaft verlangen sowohl der Gesellschaft als auch den Individuen entsprechende Leistungen ab (Abeld 2017: 151).

„Vielfalt ist noch vielfältiger geworden" (Schröer 2016: 89), und Begegnungen mit Fremdheit und Andersartigkeit gehören inzwischen zum Alltag in der globalisierten Welt mit ihrer hohen Frequenz an Kulturkontakten (Lüddemann 2019: 30). Kultur hat vor diesem Hintergrund Konjunktur und soll als Begriff und schließlich als leitende Vorstellung dabei helfen, eine unübersichtliche Gegenwart zu ordnen (Lüddemann 2019: 1). Gleichzeitig ist aber festzustellen, dass parallel zur steigenden Frequenz kultureller Fremdkontakte das Bewusstsein dafür wächst, „dass auch die eigene Kultur keine für alle Zeiten stabilisierte und restlos vertraute Harmonie ist" (Lüddemann 2019: 4). Kultur befindet sich im Prozess, im Wandeln und ist für die*den Einzelne*n demnach keine Matrix der Vertrautheit mehr.

> „You have to find a way how to live with it. It's many kind of political issues, many kind of opinions and many kind of people. Really diversed people."
> (Pos. 30, Expert*inneninterview B)

In dieser entgrenzten Welt wird das Verlangen nach Sicherheit und Orientierung immer größer. Die Familie – einst eine der wichtigsten Orientierung und Halt vermittelnden Institutionen – unterliegt gegenwärtig auch einem drastischen Wandel und Familien sehen sich neuen Anforderungen und Erwartungshaltungen gegenübergestellt (Dornheim und Greiffenhagen 2003: 14). Im Kontakt mit anderen Kulturen kann die erlebte kulturelle Diversität dabei auch Grund für Missverständnisse, Unzufriedenheiten und Konflikte sein. In der sich zunehmend verändernden Gesellschaft werden so Kompetenzen zu gelingender Kommunikation, Interaktion sowie Reflexion auch vor dem Hintergrund möglicher Differenzen immer wichtiger (Gahleitner 2020: 12). Ob und wie Familien den multiplen Anforderungen gerecht werden, entscheidet letztendlich über die Partizipationsmöglichkeiten ihrer Mitglieder in der Gesellschaft. Zeigen sich dabei einzelfallspezifische oder auch allgemeine Defizite oder Problemlagen im Leben oder in der Entwicklung junger Menschen, werden Familien zu Adressat*innen der Kinder- und Jugendhilfe, genauer der Erziehungshilfen (Tabel 2020: 170).

Im Zuge von Globalisierungsprozessen kann demnach auch eine Zunahme kultureller Vielfalt bei Familien als Adressatinnen der Hilfen zur Erziehung konstatiert werden.

> „I work with children of different cultural backgrounds every day. That (..) is something so normal that I sometimes forget, but sometimes it's also a challenge." (Pos. 31, Expert*inneninterview A)

So stellt sich auch für die Kinder- und Jugendhilfe die Frage, welche Anforderungen sich aus der zunehmenden Vielfalt ergeben. Fachkräfte arbeiten mit Menschen verschiedenster Wertvorstellungen und Kulturen zusammen und es ist davon auszugehen, dass die Anforderungen an die Sensibilität im Umgang mit Diversität und Andersartigkeit zunehmen werden (Wahl und Ullrich 2014: 369).

Soll sich die Praxis der Erziehungshilfen also am aktuellen Bedarf orientieren, muss sowohl ein angemessener professioneller Umgang mit kultureller Vielfalt und Differenz gefunden werden als auch die Familie in der steigenden Komplexität ihrer Lebenslagen unterstützt werden (Gahleitner 2014: 57; Duhn 2018: 40). Insbesondere die Gestaltung der Arbeitsbeziehung zu den Adressat*innen als zentrale Grundlage für den Hilfeprozess rückt hierbei in den Fokus der Debatten (Gahleitner 2020: 12). Für Fachkräfte stellt sich die Frage, wie diese vor dem Hintergrund der zunehmenden kulturellen Diversität ihrer Adressat*innen gelingend gestaltet werden kann.

Um dieser Frage nachzugehen, soll im Folgenden zunächst nach einem für die Erziehungshilfe passenden Kulturverständnis gesucht werden, auf dessen Basis es möglich wird zu begreifen, wie sich Kulturen in einer postmodernen Gesellschaft begegnen. Anschließend werden die im Zuge der Globalisierung veränderten Lebensrealitäten von Familien betrachtet und die Frage beantwortet, welche Anforderungen sich daraus für die Familien und auch für die Kinder- und Jugendhilfe ergeben.

Im zweiten Teil der Arbeit soll sich dem Themenkomplex „Gestaltung von Arbeitsbeziehungen in den Erziehungshilfen" genähert werden, wobei die Relevanz von Arbeitsbeziehung dargestellt und deren Konstitutionsbedingungen besprochen werden.

Daraufhin wird das Konzept der Kultursensibilität als Lösungsansatz zur gelingenden Gestaltung von Arbeitsbeziehungen mit Adressat*innen unterschiedlicher kultureller Hintergründe diskutiert. Offen bleibt bis dahin immer noch die Frage nach der konkreten Ausgestaltung der Arbeitsbeziehung in der Praxis. Das Nachdenken über Methode und Kultur und die Berücksichtigung kultureller Dimensionen im Kontakt erweist sich dabei als komplexe Aufgabe, zeigt sich jedoch von erheblicher Relevanz für die professionelle Weiterentwicklung des Arbeitsfelds (Jagusch 2014: 37; Eppenstein 2010: 96; Autorengruppe Kinder- und Jugendhilfestatistik 2021: 10). So soll im dritten Teil der Arbeit die Methode Video-Home-Training (VHT) als methodischer Zugang zur kultursensiblen Gestaltung von Arbeitsbeziehungen diskutiert werden. An eine Darstellung der Grundlagen der Methode schließt der empirische Teil der Arbeit an, in dem anhand der Analyse einer Gruppendiskussion und durch intensive Auseinandersetzung mit der Fachliteratur eine Antwort auf die Frage gefunden werden soll, inwiefern VHT die kultursensible Gestaltung von Arbeitsbeziehungen unterstützen kann.

In der Schlussbetrachtung sollen die gewonnenen Erkenntnisse der Arbeit und deren Bedeutung für die Hilfen zur Erziehung aufgeführt sowie ein Ausblick für das Arbeitsfeld dargelegt werden.

2 Das Phänomen Kultur - Versuch einer Einordnung

Vor dem Hintergrund der Auswirkungen der Globalisierung auf die Gesellschaft erlangt der Diskurs um Kultur neuen Aufschwung. Überlegungen zu neuer Vielfalt und Differenz finden dabei auch Einzug in Diskurse und pädagogische Selbstverständnisse der Kinder- und Jugendhilfe (Mecheril 2010b: 10). Der Kulturbegriff, so Lüddemann (2019: V), wird dabei zum Zentrum vieler Ansätze und wandert seit den 70er Jahren aus seiner vermeintlichen Randposition in den Fokus aktueller (politischer) Debatten. Die Unschärfe und Abstraktheit des Begriffs bedingt dabei eine ständige Revision und Diskussion, wobei Definitionsversuche stets wissenschaftshistorischen Rahmenbedingungen unterworfen sind (Lüddemann 2019: 57; Klein 2018: 893).

> „Even after decades of research and theoretical examination […] 'culture' […] remain[s] [an] intriguing, albeit controversial and fuzzy, categorie […] of description and analysis. [This categorie is] entangled within and between different contexts of practice, theoretical approaches, and academic disciplines, as an ever growing body of research literature shows." (Lutter 2014: 155)

Auch Klein (2018: 893) konstatiert, dass Kultur „kein eindeutig zu identifizierender Gegenstand" ist und in seiner Vieldeutigkeit sowohl Vor- als auch Nachteile für eine sozialpädagogische Auseinandersetzung mit dem Begriff mit sich bringt. Zum einen kann festgestellt werden, dass die Unbestimmtheit auch die Offenheit zulässt, kulturelle Begrifflichkeiten auf ganz verschiedene Theorien und Arbeitsbereiche der Sozialen Arbeit anzuwenden. Zum anderen wird hierdurch aber auch verhindert, Klarheit in die Verwendung der Begriffe zu bringen. Diese Suche nach Orientierung und systematischer Ordnung spiegelt auch die historisch gewachsene Debatte um mögliche Bedeutungsvarianten von Kultur wieder (Klein 2018: 893).

Mayer und Vanderheiden (2014: 29) stellen dabei fest, dass „Diskurse um Kultur [...] schon lange nicht mehr alleiniger Bestandteil der Ethnologie und der Kulturwissenschaften [sind]." Sie verweisen auf die Interdisziplinarität der Diskussion und die damit zusammenhängende breite Fächerung an Deutungen und Theoriekonzepten. So kann Kultur als diskursives Konstrukt begriffen werden, das auf unterschiedlichste Weise definiert und erforscht werden kann (Nünning 2009: 1).

Im Folgenden soll nun eine Betrachtung des Kulturbegriffs unter wissenschaftshistorischer Perspektive stattfinden und dabei der Fokus auf das Zusammenleben von Kulturen gelegt werden. Vor diesem Hintergrund solle ein für die Kinder- und Jugendhilfe geeignetes Verständnis von Kultur und Kulturkontakten gefunden werden.

2.1 Natur und Kultur

Die Definition und der Bedeutungsumfang des Kulturbegriffs ergibt sich zunächst aus der Abgrenzung und im Vergleich zu Bezugsbegriffen wie Natur, Zivilisation oder auch Kunst und Bildung (bspw. Elias 1969). Dabei erlangen die Termini nicht gleichzeitig, sondern im historischen Nacheinander an Bedeutung und prägen somit den Wandel im Diskurs um den Kulturbegriff. „Während etwa der Gegensatz von Kultur und Natur am Anfang der Begriffsgeschichte steht, entwickelt das Nebeneinander von Kultur und Zivilisation erst deutlich später seine Relevanz, während das reibungsvolle Miteinander von Kultur und Kunst gerade in der Moderne seine volle Schubkraft entfaltet hat" (Lüddemann 2019: 55). Schiemann (2011: 60) führt an, dass in der Vielzahl der Kontrastmöglichkeiten vor allem der Naturbegriff eine ausgezeichnete Stellung einnimmt, da er die eigentliche Negation von Kultur benennt und somit einen Gegenpol darstellt.

Bereits die Herkunft des Wortes „Kultur" impliziert eine Abgrenzung zum Naturbegriff. Das aus dem lateinischen „cultura" (Anbau, Bebauung, Pflege und Veredlung von Ackerboden) entlehnte und von „colere" (pflegen, urbar machen) abgeleitete Wort bezieht sich zunächst auf den Landbau und verweist auf einen zentralen Aspekt von Kultur. Kultur wird hier als das „Menschgemachte" bzw. „Gestaltete" als Gegensatz zu dem, was von Natur aus vorhanden ist definiert (Nünning 2009: 1).

Kultur kommt so als Gegenpol zur Natur in den Blick, wobei sich die ursprüngliche, engere Bedeutung, die sich auf Praktiken und Techniken des Landbaus bezog, durch metaphorische Übertragung auf andere Bereiche zum Modell für andere mentale und soziale Formen der Kultivierung einer Gesellschaft erweitert (Nünning 2009: 1; Lüddemann 2019: 36). Im weitesten Sinne meint Kultur daher die vom Menschen durch die Gestaltung der Natur selbst geschaffene Welt der geistigen und materiellen Güter sowie sozialen Gefüge (Reckwitz 2008: 20; Nünning 2009: 1).

2.2 Der Kulturbegriff wissenschaftshistorisch betrachtet

Mit dem steigenden Bewusstsein der Kontingenz menschlicher Lebensformen lässt sich seit der zweiten Hälfte des 18. Jahrhunderts die Entwicklung und Verbreitung eines modernen Kulturbegriffs beobachten. Im Zuge des Kontingenzgedankens „es könnte auch anders sein", wird Kultur zum Gegenstand von Interpretation und Diskussion. Reckwitz (2008: 19–20) unterscheidet dabei vier systematisch verschiedene Kulturbegriffe: den historisch früher datierten normativen und den totalitätsorientierten Kulturbegriff und im 20. Jahrhundert schließlich den differenzierungstheoretischen und den bedeutungsorientierten Kulturbegriff. Erst der bedeutungsorientierte Kulturbegriff stellt eine Radikalisierung des Kontingenzgedankens dar.

Der normative Kulturbegriff bildet sich nach Reckwitz (2008: 20) im Kontext der Aufklärung und reicht teilweise bis ins erste Drittel des 20. Jahrhunderts hinein. Auch im gegenwärtigen Alltagsverständnis von Kultur lassen sich oft normative Tendenzen des Kulturbegriffs erkennen.

Unter einem normativen Verständnis wird Kultur als eine ausgezeichnete menschliche Lebensweise beschrieben, was mit einer Bewertung von und Abgrenzung dieser Lebensweise zu Anderen führt. Im historischen Kontext der Aufklärung bezog sich die erstrebenswerte Lebensweise auf jene des aufstrebenden Bürgertums, welche sich in kulturell-moralischer Abgrenzung zum Adel und dem Proletariat konstruierte (Reckwitz 2008: 20). Kultur als normative und homogene Lebensweise einer Gruppe vertritt dabei universalistische Wertmaßstäbe und lehnt jede Form der Abweichung ab (Goebel 2015: 138; Lüddemann 2019: 11). Begleiterscheinung dieser bis heute propagierten Auffassung von Kultur ist der Überlegenheitsanspruch bestimmter Bevölkerungsgruppen gegenüber den scheinbar unzivilisierten Anderen und Fremden und die vehemente Abwehr von Allem, was Standards in Frage stellen könnte (Klein 2018: 893–894; Lüddemann 2019: 11).

Aufbauend auf den normativen Kulturbegriff entwickelt sich im 18. Jahrhundert der totalitätsorientierte Kulturbegriff, der Kultur nun nicht mehr exklusiv einer sich abhebenden Gruppe zuschreibt, sondern ein ganzheitlicheres Verständnis anlegt. Kultur wird demnach als in sich geschlossenes Ganzes einer sich territorial, ethnisch und sprachlich abgrenzenden Gruppe definiert (Klein 2018: 894). Kultur bezeichnet so keine ausgezeichnete Lebensform mehr, sondern umfasst ein komplexes Ganzes aus Wissen, Glauben, Werten, Gebräuchen und anderen Fähigkeiten und Gewohnheiten einzelner Kollektive wie beispielsweise Völker, Ethnien oder Nationen. Kultur wird damit zu einem holistischen Konzept, das sich zum Vergleich von unterschiedlichen Kulturen eignet (Reckwitz 2008: 22).

Reckwitz (2008: 22–23) merkt an, dass sich auch im totalitätsorientierten Verständnis von Kultur normative Tendenzen erkennen lassen und stellt fest: „Nun ist es die »unvergleichliche« Individualität eines Kollektivs, die prämiert wird und die den jeweiligen normativen Maßstab in sich selbst trägt." So entsteht ein Nebeneinander an unterschiedlichen, nach außen geschlossenen Kulturen, wobei interne Differenzen nicht beachtet oder bewusst homogenisiert werden (Klein 2018: 894). Ein Austausch oder eine Kombination der unterschiedlichen Kulturen erscheint nicht möglich (Reckwitz 2008: 23).

Dabei sollten die Schwierigkeiten und Gefahren einer totalitätsorientierten Auffassung von Kultur nicht außer Acht gelassen werden. Das Verständnis von Kultur als Nation und die vermeintliche kulturelle Überlegenheit der eigenen Kultur bzw. Nation über andere, „primitivere" Kulturen bildete die Legitimationsgrundlage für die Kolonisierung vieler Länder und Völker der Welt (Lüddemann 2019: 51). Auch das in aktuellen politischen Debatten umstrittene Konzept der Nationalkultur gründet seine Ideen auf dem totalitätsorientierten Verständnis von Kultur (Hall 1994: 202; Lutter 2014: 164), welches jedoch „spätestens nach dem Bewusstwerden der Existenz einer globalisierten Welt als unzeitmäßig entlarvt werden müsste" (Goebel 2015: 137).

Mitte des 20. Jahrhunderts wurde ein differenzierungstheoretischer Kulturbegriff vertreten, der die Herrschaftsansprüche des normativen Kulturbegriffs erneut aufgreift und die Ausweitung des Kulturbegriffs im holistischen, totalitätsorientierten Verständnis wieder einschränkt.

> „Der Kulturbegriff lässt den Bezug auf ganze Lebensweisen hinter sich und bezieht sich nunmehr auf das enge Feld der Kunst, der Bildung, der Wissenschaft und sonstiger intellektueller Aktivitäten: auf ein sozial ausdifferenziertes Teilsystem der modernen Gesellschaft, das sich auf intellektuelle und ästhetische Weltdeutungen spezialisiert." (Klein 2018: 894–895)

So entsteht die Aufteilung in eine ästhetisch-emanzipatorische Hochkultur, in der die „Produktion, Verteilung und Verwaltung von Weltdeutungen intellektueller, künstlerischer, ästhetischer, religiöser Art in institutionalisierter Form stattfindet" (Reckwitz 2006, zitiert in Klein 2018: 894), und eine standardisierte Massenkultur mit als nicht kultiviert eingestuften Alltagspraxen. Klein (2018: 895) konstatiert, dass diese Begriffsdefinition in nahezu alle Gesellschaftsanalysen dieser Zeit einfließt und auch heute noch Auswirkung auf Wissenschaft und Lehre zeigt.

In den 60er und 70er Jahren kommt es dann zu einer Reflexion und Redefinition des Kulturbegriffs, welche den Beginn des Cultural Turns kennzeichnen (Bachmann-Medick 2016: 9). In dieser theoretisch-methodischen Neuorientierungsphase entgrenzt sich das Feld der Kulturtheorien zunehmend, und Begrifflichkeiten, Kategorien und Konzepte werden in das Vokabular anderer Disziplinen überführt (Bachmann-Medick 2016: 7; Goebel 2015: 146). Der Cultural Turn setzt sich dabei aus verschiedenen Turns zusammen, welche transdisziplinär wirken und von der rein beschreibenden Natur der bisherigen Begrifflichkeiten zu einer operativen Anwendung dieser übergehen (Bachmann-Medick 2016: 16).

An dieser Stelle soll nur beispielhaft der Postcolonial Turn skizziert werden. Reflexiv wird hier eine politische Dimension von Kultur eingeführt und die eurozentristische Haltung und der universalisierende Herrschaftsdiskurs über die „Anderen", nichtwestlichen Kulturen kritisiert (Klein 2018: 897). Die eurozentrische Konstruktion von Identität vollzieht sich bisher durch die Abgrenzung zu den ehemals kolonialisierten Ethnien anhand polarisierender, binärer Kategorien wie beispielsweise Hautfarbe, Geschlecht oder Sexualität. Im postkolonialen Diskurs wechselt der Fokus jedoch auf die Dezentrierung, Entortung und Diskontinuität von kultureller Identitätsarbeit als ein in Bewegung und Aushandlung stehender Prozess, welcher in einem zwischenräumlichen Ort der Differenz, Überlagerung und Vernetzung entsteht. Durch diesen kulturellen Raum, dem „beyond", werden normative Identitätsschubladen aufgelöst, Veränderungsspielräume geschaffen und kulturelle Hybridität als Gegenkonzept zu einer geforderten Herrschafts- oder Leitkultur etabliert (Bhabha 2004: 5–6; Bachmann-Medick 2016: 142).

> „Der Cultural Turn in der Sozialtheorie und Sozialphilosophie, aber auch in den empirischen Disziplinen der Soziologie, Geschichtswissenschaft und Ethnologie hat die Grundannahme befördert, dass in den sozialen Praktiken symbolische Ordnungen zum Einsatz kommen, die die soziale Wirklichkeit kognitiv organisieren. Der Cultural Turn betreibt eine konsequente Hermeneutisierung und Historisierung sozialer Phänomene." (Reckwitz 2008: 52)

2.3 Kultur als Bedeutungskomplex

Die entstandene „Totalperspektive Kultur" ermöglicht neue Sichtweisen und Ansatzpunkte zur Entwicklung des bedeutungsorientierten Kulturbegriffs, der den Kontingenzgedanken menschlicher Lebensformen weiter aufgreift und radikalisiert (Reckwitz 2008: 16, 27).

Diese vierte Begriffsbestimmung von Kultur überwindet die starke Grenzziehung des differenzierungstheoretischen Kulturbegriffs und definiert nun auch Alltagspraxen und die tägliche Lebensführung als ästhetischen Prozess jeder*s Einzelnen (Klein 2018: 894–895). Lüdemann (2019: 57–58) definiert Kultur dabei als ein komplexes Zusammenspiel aus Wissen und Erfahrung, Anschauung und Verstehen. Unter diesem bedeutungs- und wissensorientierten Kulturbegriff wird Kultur erneut als ganzheitlich betrachtet und dabei das Augenmerk auf deren durch Symbolisierung, Diskursivität und Repräsentation geprägte Sinnkonstitution gerichtet (Bachmann-Medick 2016: 7).

So wird Kultur als symbolische Ordnung begriffen, die der Mensch in Aneignung sowie aktiver Gestaltung in der Interaktion mit Anderen konstruiert und für sein Handeln nutzen kann (Reckwitz 2006, zitiert in Klein 2018: 895). Als „Werkzeug" zur Sinnkonstitution und Interpretation der Umwelt fungiert Kultur dabei als Mittel der Lebensbewältigung, um zentrale Fragen zu bearbeiten und in (gelingenden) Kontakt mit anderen zu treten (Lüddemann 2019: 7; 5; Basáñez 2016: 14–15).

Kultur ist demnach ein internalisiertes Gefüge aus Bedeutungskomplexen und besitzt mit „einem Themenvorrat sein Archiv, mit Präsentationsweisen seine mediale Oberfläche und mit fortlaufender Umbauaktivität seine prozessualen Fertigkeiten" (Lüddemann 2019: 5).

Kultur bedarf dabei konkreter Ausformung, um ihre mentale, theoretische Ebene erfahrbar und erlernbar zu machen (Lüddemann 2019: 59). Lüddemann (2019: 61) schlägt in diesem Sinne vier Elemente bzw. Ausformungen von Kultur vor. *Objekte* sind dabei kulturell relevante Dinge, wie beispielsweise Denkmäler, Reliquien oder auch Fanartikel, die als Bedeutungsträger fungieren können. Sie vermitteln einen spezifischen Sinn, transportieren Erinnerungen und Geschichte (Lüddemann 2019: 61–62). *Orte* können diese Objekte beinhalten, wichtig für die Ausführung von sozialen Praktiken sein oder selbst Bedeutung tragen. Auch Orte tragen Erinnerungen und sind mit einer bestimmten Bedeutungszuweisung verbunden (Lüddemann 2019: 62). *Diskurse* besitzen im Gegensatz zu Objekten und Orten einen Ausführungscharakter. Als verbalisierte Kommunikation reichen sie bis in den Bereich abstrakter Vorstellung und fungieren als Mittel der Kritik und Reflexivität innerhalb der Kultur (Lüddemann 2019: 63–64). „Diskurse kommentieren Praktiken, beschreiben Orte und interpretieren Objekte. [...] In Diskursen artikuliert sich vor allem, was Kultur auszeichnet: Bedeutung" (Lüddemann 2019: 63).

Als letztes Element von Kultur sind die sozialen *Praktiken* zu nennen. Hörning (2011: 139) konstatiert, dass „Sinn- und Bedeutungssysteme [...] nicht unabhängig von einem Geflecht von Praktiken [existieren], die sie in Gang halten, reproduzieren und sie dabei auch transformieren." Praktiken können dabei sowohl gefestigt und formalisiert wie auch spontan und informell gestaltet werden, sich auf Orte beziehen und Objekte involvieren. Praktiken entwickeln dabei eine mobilisierende Kraft in der Interaktion und machen Kultur erlebbar und erlernbar (Lüddemann 2019: 62–63). Lüddemann (2019: VIII) fasst zusammen: „Die Bedeutungen, die eine Kultur ausmachen, sind nicht in fernen Speichern abgelegt, sie gewinnen Sichtbarkeit in praktischen Vollzügen. Diese Vollzüge aktualisieren die Bedeutungen und formen sie zugleich um."

In diesem Zuge weist Hörning (2011: 145) auf den Prozesscharakter von Kultur hin. Soziale Praktiken basieren immer auf Vorhandenem, bekannten Möglichkeiten und Repertoires von bedeutungsvollen Vollzügen, setzen aber gleichzeitig auch Veränderungen in Gang. Indem Subjekte Praktiken ausführen, Orte prägen, Objekte auswählen und verwenden, Diskurse eingehen und kommentieren und dabei Differenz- und Kontingenzerfahrungen machen, kommen sie in Berührung mit Bedeutungskomplexen von Kultur, eignen sich diese an, interpretieren sie neu und wirken somit gleichzeitig als Fortsetzungs- und Veränderungsorgan von Kultur: produzierend und transformierend (Lüddemann 2019: 67). Kultur kann demnach auch als offener, instabiler Prozess bezeichnet werden, indem die Bedeutungskomplexe und Sinnhaftigkeiten der Elemente von Kultur durch die Vergangenheit konstruiert, in der Gegenwart angeeignet und interpretiert werden und offen in die Zukunft gewandt sind (Lüddemann 2019: 81; Schmidt-Lauber 2013: 180–184).

Hörning (2011: 141) sieht in diesem konstruktivistischen, bedeutungsorientierten Verständnis von Kultur vor allem Vorteile für ein gelingendes Zusammenleben in modernen Gesellschaften. Statt den Fokus auf Abgrenzung und Unterschied-lichkeiten zu legen, stellt der bedeutungsorientierte Kulturbegriff Fragen nach den Prozessen, den Verwicklungen, den Reinterpretationen und den Übergängen von Kultur. Das Verständnis ermöglicht dabei einen besseren Umgang mit Kontingenz, die innerhalb des sozialen und kulturellen Alltagslebens auftaucht.

Zusammenfassend kann für ein bedeutungsorientiertes Kulturverständnis in der Kinder- und Jugendhilfe festgehalten werden:

- Kultur wird ganzheitlich betrachtet und umfasst die Alltagspraxen und die tägliche Lebensführung als ästhetischen Prozess jeder*s Einzelnen.

- Kultur wird als symbolische Ordnung begriffen, bestehend aus internen Bedeutungskomplexen.

- Der Mensch eignet sich (neue) Bedeutungskomplexe in der Interaktion mit Anderen an.

- Kultur dient dabei als „Werkzeug" zur Interpretation der Umwelt und fungiert deshalb als Mittel zur Lebensbewältigung.

- Kultur bedarf konkreter Ausformung, um sie erfahrbar und erlernbar zu machen (bspw. Objekte, Orte, Diskurse, Praktiken).

- Kultur entwickelt sich stets weiter und kann als Prozess betrachtet werden.

Weshalb dieses Verständnis von Kultur für die Kinder- und Jugendhilfe gewinn-bringend erscheint, lässt sich durch die Betrachtung von Kulturkontakten spezifizieren.

2.4 Wie begegnen sich Kulturen? - Transkulturalität als Beschreibung veränderter Realitäten

Die gestellten Fragen nach den Prozessen, den Verwicklungen, den Reinterpretationen und den Übergängen von Kultur führten zur Reflexion und Diskussion über „das Zusammenleben" und die „Begegnung" von Kulturen. Statt Differenzen zu reproduzieren, sollte hier der Fokus auf die Verflechtungen und Überschneidungen von Kulturen gelegt werden (Abu-Lughod 1991: 141–146).

Reckwitz (2008: 34) führt an, dass spätestens seit dem Zeitalter der Postmoderne und unter den Bedingungen der Globalisierung eine unübersehbare kulturelle Pluralität zum Normalfall geworden ist. Welsch (1997: 68) ergänzt, dass vor diesem Hintergrund soziale Homogenisierung, ethnische Fundierung, eine vereinheitlichende Kultur eines Volkes und interkulturelle Abgrenzung keine zeitgemäßen Konzepte mehr sind. So weisen moderne Gesellschaften eine hohe innere Komplexität und eine Vielzahl an unterschiedlichen Lebensweisen- und formen auf. Gesellschaften sind dabei vertikal innerhalb der Milieus und auch horizontal bspw. anhand des Geschlechts oder der sexuellen Orientierung hochgradig differenziert (Welsch 1997: 68).

Durch diese Erkenntnis entwickelte Welsch bereits Ende der 90er das Konzept der Transkulturalität um zu erklären, wie sich Kulturen zueinander verhalten und welche Dynamiken entstehen. Das Konzept der Transkulturalität orientiert sich dabei an einem konstruktivistischen Kulturverständnis und versteht Kulturen als vernetzt und hochdynamisch sowie hybride und heterogen. Der Fokus wird dabei auf die Durchlässigkeit und das Überschreiten konstruierter kultureller Grenzen gesetzt (Mayer und Vanderheiden 2014: 31).

Im Folgenden soll Transkulturalität in Abgrenzung zu den seit Mitte des 20. Jahrhunderts auch diskutierten Konzepten der Inter- und Multikulturalität erklärt werden und dabei auf die von Welsch thematisierten Ebenen der Gesellschaft sowie des Individuums eingegangen werden (Welsch 1997: 72; Mayer und Vanderheiden 2014: 30).

Welsch entwickelt sein Konzept der Transkulturalität als Kritik und Weiterentwicklung der Konzepte der Inter- und Multikulturalität (Sandbothe 2011: 124). Multikulturalität bezieht sich auf die sozialen Strukturen einer Gesellschaft und konstatiert eine Koexistenz unterschiedlicher Kulturen innerhalb dieser. Unter Interkulturalität versteht man dabei das Aufeinandertreffen zweier abgegrenzter, unterschiedlicher Kulturen, wobei der Fokus auf das Erlernen der Unterschiede und das Verstehen der Andersartigkeit gesetzt wird. Beide Konzepte bedienen sich dabei aus normativen und differenztheoretischen Kulturverständnissen und vertreten einen starken Homogenisierungsgedanken (Mayer und Vanderheiden 2014: 30; Welsch 1997: 69).

Welsch (1997: 71) führt an, dass bei dieser inselartigen, kugelartigen Vorstellung von Kulturen, Probleme der Koexistenz, Kooperation und Verständigung nicht gelöst werden können. Die Beschreibung von Kulturen in diesem Sinne ist außerdem deskriptiv falsch und normativ irreführend. Moderne Kulturen zeigen sich nicht mehr als separiert und homogen, vielmehr kann von einer neuartigen, transkulturellen Form ausgegangen werden, welche durch Vermischungen und Durchdringungen gekennzeichnet ist (Welsch 1997: 71).

Auf der Ebene der Gesellschaft kann eine Pluralität an Lebensformen und Kulturen festgestellt werden, die einander durchdringen und auseinander hervorgehen können (Welsch 1997: 71). Mayer und Vanderheiden (2014: 32) stellen fest: „Die ehemals relevante Unterscheidung zwischen »Eigenem« und »Fremdem« ist oft nicht oder kaum mehr möglich." Lebensauffassungen und Lebensentwürfe erscheinen globalisiert, indem sie soziale und geografische Grenzen überschreiten (Kaschuba 2011: 135). Moderne Kulturen sind nach Welsch demnach durch eine hohe Hybridisierung gekennzeichnet. „Fremd" und „Eigen" wird dabei vermischt und Kulturen vernetzen sich und gehen ineinander über (Welsch 1997: 72).

Daraus ergibt sich, dass Individuen in modernen Gesellschaften durch verschiedene kulturelle Herkünfte und Verbindungen geprägt sind. Kulturelle Identität kann dabei nicht mehr mit nationaler Identität gleichgesetzt werden (Welsch 1997: 73). Vielmehr ergibt sich für das Individuum eine Reihe von möglichen Identitäten, welche in kritischer Selbstreflexion und produktivem Neuentwurf der eigenen kulturellen Bedeutungskonzepte entstehen (Lüddemann 2019: 89). Inwiefern dies auch als Herausforderung für Adressat*innen der Kinder- und Jugendhilfe gesehen werden kann, wird in Kapitel 3.3 diskutiert werden.

Lüddemann (2019: 66) weist dennoch auf die Vorteile einer solchen Auffassung von Kulturkontakten hin: „Das [...] [Konzept der Transkulturalität] erlaubt es [...], Identitäten mit wechselnden Gewichtsverlagerungen auszubilden oder gleich mehrere, unterschiedliche Identitätsentwürfe in *einem* Bedeutungshorizont miteinander zu verbinden. Schließlich eröffnen die Positionen des Formats auch die Möglichkeit, sehr unterschiedliche soziale Rollen, kulturelle Praktiken und subjektive Haltungen so miteinander zu konzertieren, das Austausch und Kontakt zustande kommen, weil sie einfach lohnender erscheinen als die konfrontative Abschließung."

Das Konzept der Transkulturalität bezieht sich demnach auf ein inklusives, nicht separatistisches Kulturverständnis, welches auf Prozess und Übergangsfähigkeit fokussiert ist. So entstehen im Kulturkontakt nicht nur Differenzen sondern auch Anschlussmöglichkeiten und Gemeinsamkeiten in den Bedeutungskomplexen (Welsch 1997: 75). Dabei geht es vor allem um eine gelingende Beziehung und Interaktion auch vor dem Hintergrund möglicher Differenzen. So sollen diese nicht „blind" übergangen werden, sondern als Anlass der Weiterentwicklung und Herausforderung gesehen werden, eigene Bedeutungskonstrukte innovativ zu verändern (Lüddemann 2019: 89). Sein System an Bedeutungskomplexen bildet, dekonstruiert und erweitert der Mensch in der Beziehung und Interaktion, das heißt im Kulturkontakt mit anderen.

> „Culture is a context phenomenon, a shared system of meanings. [...] The first term 'shared' reveals culture as the product of human action and social interaction [...]. 'System' implies that culture is not a static and incoherent sum of unrelated parts; it is not just a list of values. On the contrary, it is an integrated, interconnected whole, whose parts are in constant exchange. [...] Therefore the phrase shared system emphasizes that the locus of culture is not the individual, but the interaction between individuals. Culture occurs outside the individual's mind and then becomes internalized." (Basáñez 2016: 14–15)

In Kulturkontakten findet nach Kaschuba (2011: 128–129) immer eine Suche nach Bedeutung und Verstehen statt, um jeweilige Wahrnehmungs-, Denk- und Handlungsweisen anzupassen und in eine gelingende Beziehung miteinander zu treten. Voraussetzung hierfür ist die passende Interpretation der in der Beziehung enthaltenen Bedeutungskomplexe (Bhabha 2004: 53). Ähnliche oder gleiche Teile der „Landkarte an Bedeutungen" ermöglichen es Individuen, die Sinnkonstitution von Objekten, Orten, Diskursen und Praktiken ähnlich oder gleich zu verstehen und gemeinsam darüber in den Austausch zu kommen (Eppenstein und Kiesel 2008: 109; Abels 2007: 22).

Anschlussfähig an ein bedeutungsorientiertes Kulturverständnis wird das Individuum in einem transkulturellen Verständnis von Kulturkontakten als diskursfähig, reflexiv und mündig gesehen (Welsch 1997: 77; Eppenstein und Kiesel 2008: 74). Diese ressourcenorientierte und empowernde Sichtweise auf Adressat*innen als Gestalter*innen und Produzent*innen im eigenen Leben findet sich auch in Theorien der Sozialen Arbeit, wie beispielsweise der für die Kinder- und Jugendhilfe richtungsweisende Lebensweltorientierung nach Hans Thiersch (Eppenstein und Kiesel 2008: 93; Thiersch 2014).

Eppenstein und Kiesel (2008: 84) sehen demnach in einem bedeutungsorientierten Kulturverständnis in Verbindung mit dem Konzept der Transkulturalität einen großen Mehrwert für die Praxis der Hilfen zur Erziehung. In der Reflexion der möglichen „Nebenwirkungen" unterschiedlicher Kulturverständnisse zeigt sich, dass ein normativer sowie totalitätsorientierter Kulturbegriff zu einem „Kampf der Kulturen" und der (gewaltsamen) Verteidigung der jeweiligen abgegrenzten kulturellen Identität gegenüber Fremden führt (Huntington 2002). Wird Kultur im Kontext differenztheoretischer Überlegungen verortet, zeigen sich starke Distinktionsinteressen, welche sich in Exklusion und Entmündigung der Adressat*innen der Kinder- und Jugendhilfe manifestieren. Im Gegensatz dazu eröffnet eine bedeutungsorientierte Sichtweise auf Kultur als Prozess und sinngebende menschliche Tätigkeit Möglichkeitsräume, welche Individuen inklusiv in die Gestaltungsprozesse von Kultur einbeziehen (Eppenstein und Kiesel 2008: 84).

Welsch (1997: 75) konstatiert, dass Kulturbegriffe dabei „Wirkfaktoren bezüglich ihres Gegenstandes" sind und als operative Begriffe Einfluss auf sich selbst haben. Dies bedeutet, dass sich Individuen entsprechend ihrer Auffassung von Kultur verhalten und somit die implizierten Überzeugungen reproduzieren. Umso wichtiger erscheint es für die Kinder- und Jugendhilfe ein geeignetes Kulturverständnis zu definieren, um im Kontakt mit Adressat*innen gelingende Interaktion zu gestalten (Goebel 2015: 154).

Die Globalisierung und die damit in Zusammenhang stehenden Veränderungen der Gesellschaft haben aber nicht nur Auswirkungen auf die Diskurse in der Kinder- und Jugendhilfe, sondern zeigen sich auch ganz konkret als neue Anforderungen in der Praxis. Zum einen ergeben sich neue Herausforderungen für die Adressat*innen, weshalb hier die Forderung nach einer passenden Praxis der Erziehungshilfen laut wird, um Adressat*innen zu befähigen mit den vielfältigen Problemlagen umzugehen. Zum anderen stellt sich die Frage, wie diese Praxis gestaltet werden kann, um einen sensiblen Umgang mit den aufkommenden

Themen zu ermöglichen. Vor diesem Hintergrund soll zunächst geklärt werden mit welchen Adressat*innen in den Hilfen zur Erziehung zusammengearbeitet wird.

3 Familien unterschiedlicher Kulturen als Adressatinnen der Hilfen zur Erziehung

Für die rechtlichen Rahmenbedingungen der Kinder- und Jugendhilfe ist das seit 1991 geltende Kinder- und Jugendhilfegesetz (KJHG, SGB VIII) zuständig (Bernzen und Bruder 2018: 133). Das SGB VIII ist ein Bundesgesetz und wird auf kommunaler Ebene umgesetzt. So liegt die Verantwortung für die Leistung bei den Trägern auf kommunaler Ebene, wobei Bund und Länder zuständig für Gesetzgebung und Förderung sind. Die Verwaltung findet dabei auf kommunaler wie auf Landesebene statt (Böllert 2018: 6). Nach dem Subsidiaritätsprinzip werden die Leistungen der Kinder- und Jugendhilfe vorrangig von freien Trägern erbracht (Krüger und Zimmermann 2009: 127).

Auf der rechtlichen Grundlage des SGB VIII (§ 1, § 2, § 7) ist die Kinder- und Jugendhilfe für alle Kinder, Jugendlichen, jungen Volljährigen und jungen Menschen im Alter von 0 bis 27 Jahren und deren Familien zuständig. Anspruchsinhaber, Anspruchsvoraussetzungen und Anspruchsinhalt der Hilfen zur Erziehung werden in § 27 Abs. 1 SGB VIII grundlegend bestimmt (Bernzen und Bruder 2018: 143). Personensorgeberechtigte haben demnach einen Anspruch auf Hilfen zur Erziehung, wenn eine Erziehung zum Wohl des Kindes ohne Hilfe nicht gewährleistet werden kann (Tabel 2020: 170). Bitzan und Bolay (2018: 45) stellen fest, dass Familien zu Adressatinnen der Kinder- und Jugendhilfe werden, „[...] wenn in allgemeiner Form oder individuell ein Hilfe-, Erziehungs- oder Bildungsbedarf konstatiert wird [...]." Es zeigen sich also einzelfallspezifische oder allgemeine Defizite oder Problemlagen im Leben oder in der Entwicklung junger Menschen, die nur unter Inanspruchnahme der Angebote und Unterstützungsleistungen der Hilfen zur Erziehung bewältigt werden können (Bitzan und Bolay 2018: 45). Nach Bernzen und Bruder (2018: 143) muss die Hilfe dabei, geeignet wie auch notwendig sein, was es durch ein Hilfeplanverfahren zu prüfen gilt. In dieser Arbeit wird dabei vor allem auf ambulante Hilfeangebote Bezug genommen, wobei nach dem Gesetz die Erziehungsberatung, die soziale Gruppenarbeit, der Erziehungsbeistand und Betreuungshelfer und die sozialpädagogische Familienhilfe dazu gehören. „Diese ambulanten Hilfeformen verfolgen das Ziel, die Autonomie der Familien zu wahren und dennoch mögliche Gefährdungen des Aufwachsens der Kinder abzuwenden und eine fördernde Unterstützung zu ermöglichen" (Köngeter 2013: 186). Dabei ist die Familie nach wie vor die einflussreichste Institution für das Aufwachsen junger Menschen. Sie ist ab der frühen Kindheit und über das gesamte Kindheits- und Jugendalter von zentraler Bedeutung als primärer Bildungsort und für die Persönlichkeitsentwicklung junger Menschen (Böllert 2018: 26; Jähnert und Reisenauer 2020: 16).

Im Folgenden soll nun zunächst der Wandel des Familienbegriffs in der Postmoderne beleuchtet und ein Eindruck vermittelt werden, welche Familien die Unterstützung der Hilfen zur Erziehung in Anspruch nehmen. Anschließend werden die Herausforderungen für Familien in der Postmoderne skizziert, wobei ein spezieller Fokus auf „kulturell andere" Familien und die Bezeichnungspraxis „Migrationshintergrund" gelegt werden soll.

3.1 Familienbilder im Wandel

Bis ins späte 20. Jahrhundert existierte in Deutschland die Vorstellung der modernen bürgerlichen Kleinfamilie als „Normalfamilie". Diese bestand im gemeinsamen Haushalt aus zwei Elternteilen – Mutter und Vater – und mindestens einem gemeinsamen Kind. Erst Mitte der 60er Jahre, unter anderem durch die Entwicklung der Antibaby-Pille und einer veränderten Einstellung zur Rolle der Frau, lockerten sich diese Strukturen und die konservative Vorstellung von Familie veränderte sich daraufhin in den letzten 40 Jahren grundlegend (Peuckert 2012: 16–17).

Anstelle der klassischen Mutter-Vater-Kind-Familie kann vielmehr eine Entwicklung zur Pluralisierung familialer Lebensformen konstatiert werden (Schwamborn und Hahnen 2018: 449; Böllert und Otto 2012: 25). Gründe hierfür sind unter anderem im sozialen Wandel der Gesellschaft zu finden. Als Indikatoren dieses Wandels lassen sich nach Schwamborn und Hahnen (2018: 449) vor allem ein Anstieg der Scheidungsraten und ein Rückgang der Eheschließungen festhalten. So sinkt laut Statistischem Bundesamt (2021: 51–52) die Anzahl der klassischen Kleinfamilien, wohingegen die Zahl Alleinerziehender und alternativer familialer Lebensformen stetig steigt.

Das konservative Verständnis von Familie befindet sich demnach im Umbruch, die Grenzen und klassischen Rahmenbedingungen von Familie verschwinden und ein neuer moderner, offener Familienbegriff muss definiert werden. Unter dem Stichwort „doing family" wird deshalb dem Familienbegriff seit dem 7. Familienbericht eine neue Dimension gegeben (Bundesministerium für Familie, Senioren, Frauen und Jugend 2006: 128). Demnach kann Familie als alltäglich hergestellte Leistung ihrer Mitglieder betrachtet werden, welche sich über Prozesse und Aushandlungen tagtäglich neu konstituiert. Der Fokus wird hierbei auf die Tätigkeit und den Arbeitscharakter von Familie gelegt (Schier 2009: 56–57). So wird nach Schier und Jurczyk (2007: 10) Familie – genauer die konkreten Praktiken und Gestaltungsleistungen der Familienmitglieder – als Herstellungsprozess gesehen, um Familie im Alltag lebbar zu machen.

Schwamborn und Hahnen (2018: 441) stellen fest: „Diese Sichtweise impliziert eine Auffassung von Familie als aktiv hergestelltes Netzwerk, als ein gemeinschaftliches Ganzes, welches im Alltag immer wieder neu ausgehandelt werden muss." Dieses Netzwerk muss dabei weder auf einen Haushalt noch auf zwei

Generationen beschränkt sein. Vielmehr kann Familie im Sinne von „doing familiy" als ein Netzwerk „emotionsbasierter, persönlicher Austauschbeziehungen" (Schier und Jurczyk 2007: 11) gesehen werden. Auf Grundlage dieser Ausführungen sind für den Begriff der Familie in der Kinder- und Jugendhilfe mehrere Erkenntnisse festzuhalten:

- Es gibt nicht „die" Familie als Normalfamilie
- Familien können in vielfältigen Lebensformen existieren
- Familien befinden sich als Netzwerk in tagtäglichen Aushandlungs- und Gestaltungsprozessen

Innerhalb dieser breit gefächerten Auffassung von Familie, lässt sich aber dennoch ein spezifischeres Bild der Adressat*innen der Kinder- und Jugendhilfe zeichnen. So nehmen vor allem junge Menschen aus Schichten, die durch Arbeitslosigkeit und Armut in den Familien gekennzeichnet sind, die Erziehungshilfen in Anspruch (Bollweg 2018: 1163). Über die Hälfte der 2018 in den ambulanten Hilfen angebundenen Familien beziehen dabei Transferleistungen (Fendrich, Pothmann und Tabel 2021b). Auch eine geringe Schulbildung kann bei den Adressat*innen festgestellt werden (Bollweg 2018: 1163). Im Jahr 2018 werden 41 % aller Familien als „mit Migrationshintergrund" statistisch erfasst, wobei 24 % aller Familien die deutsche Sprache zuhause nicht sprechen (Fendrich, Pothmann und Tabel 2021a).

Auch die vorwiegende Familienstruktur lässt sich bestimmen. „[So liegt die] [...] Inanspruchnahme [der Hilfen] bei Familien, in denen nur ein Elternteil lebt, [...] etwa fünfmal höher als die Inanspruchnahme bei Familien, in denen beide Elternteile zusammenleben" (Richert 2018: 833).

Obwohl diese Feststellungen natürlich nicht auf alle Familien in der Kinder- und Jugendhilfe zutreffen, können sie jedoch repräsentativ genommen werden, um die weitere Analyse zu unterstützen.

3.2 Anforderungen an Familien in der Postmoderne

Die Familien in der Kinder- und Jugendhilfe sehen sich dabei multiplen Anforderungen und Erwartungshaltungen gegenübergestellt. Böhnisch, Lenz und Schröer (2009: 9–10) stellen fest: „Die Zweite Moderne fällt durch Entgrenzungen auf, die sie hervorbringt. Etablierte Strukturen lösen sich auf oder vermischen sich mit neuen, Grenzen verschwimmen, neue tun sich auf. [...] [So] ist das Sozialisationsregime der Zweiten Moderne durch Entgrenzungen und die Chance und den Zwang zur Selbstorganisation charakterisiert."

Die fragmentarischen, vielfältigen und zum Teil widersprüchlichen Gegebenheiten stellen zunehmende Erwartungen an die Leistungsfähigkeit jeder*s Einzelnen und an die Gestaltungsleistung des Familiensystems (Abeld 2017: 151; Faas, Landhäußer und Treptow 2017: 26–27).

Bezogen auf das Wirtschaftssystem stellen die gestiegenen Anforderungen des Arbeitsmarktes und die Beschleunigung der Digitalisierung eine Belastung für Familien dar (Bundesministerium für Familie, Senioren, Frauen und Jugend 2002: 153–154; Oelkers 2009: 77). „[...] [Die] Nachfrage nach flexiblen, hochmobilen anpassungsfähigen und fortbildungshungrigen ArbeitnehmerInnen [...] [steigt und erhöht den] Druck auf familiale Arrangements [...]" (Oelkers 2009: 77). Nach dem Motto *„change or die"* werden Familien im Rahmen einer dynamisierten Wirtschaftsproduktion zur permanenten Selbstoptimierung und „Hyperflexibilität" angehalten (Faas, Landhäußer und Treptow 2017: 24; Abeld 2017: 154).

Dabei müssen alle Familienmitglieder komplexe Raum-Zeit-Pfade bewerkstelligen und im Zuge sogenannter Multilokalität aufgrund der geforderten Mobilität für Ausbildung, Beruf oder aufgrund von getrennten Familienkonstelationen ein hohes Maß an Organisationstalent beweisen. Darüber hinaus müssen Familien mit immer mehr und komplexeren Bezugsumwelten kooperieren und umgehen können. Dies betrifft beispielsweise die sozialen und institutionellen Umwelten von Familien im Bereich Konsum und Lebensführung (Faas, Landhäußer und Treptow 2017: 25).

Obwohl die Pluralität der familialen Lebensformen und die Entgrenzung der Geschlechterrollen in der Gesellschaft überwiegend akzeptiert wird, bemerkt Oelkers (2009: 81), dass die Bewältigung der Folgen den Familien meist selbst überlassen wird. Gahleitner (2020: 15) konstatiert: „Während in der Vergangenheit stark vorgegebene Sozialisationsverläufe üblich waren, sind lineare Lebensverläufe – im Zuge kultureller Freisetzungsprozesse aus traditionellen Lebensformen – heute selten geworden."

> „Aufgrund von Individualisierung und Pluralisierung wird die einzelne Biografie von den Entscheidungen und Handlungen des Individuums abhängig. Die Normalbiografie wird zu einer Wahlbiografie. Dabei geht es nicht nur um Entscheidungsfreiheit, sondern auch um Entscheidungsnotwendigkeit." (Hein 2006: 63)

Familien sehen sich deshalb auch innerhalb des Systems mit vielfältigen und widersprüchlichen Bedeutungs- und Handlungsstrukturen konfrontiert. Die Familienmitglieder müssen lernen, mit verschiedenen Deutungsmustern und Handlungsanforderungen umzugehen und die unterschiedlichen Orientierungsangebote zu einer Gesamtfigur zu artikulieren, um Kohärenz für ein gelingendes Miteinander herzustellen (Hein 2006: 62; Abeld 2017: 151). Neben einer Zunahme an Wahlmöglichkeiten als Chance der Entgrenzungsprozesse, kommt es auch zu einer Zunahme an Verhaltensunsicherheiten, in denen sich Familie im Sinne von *„doing family"* täglich neu verorten muss (Peuckert 2012: 26).

Böhnisch, Lenz und Schröer (2009: 18) führen an, dass in diesem Wechselspiel von Chancen und Risiken vor allem die Verfügungsmacht über personale, soziale und sozio-ökonomische Ressourcen zentraler Bezugspunkt für eine gelingenden Herstellung von Familie ist. Familien in der Kinder- und Jugendhilfe haben dabei oft mit einer prekären Ausstattung dieser Ressourcen zu kämpfen. Die Autoren sehen hierin ein gesellschaftliches Dilemma, das sich in der Postmoderne noch verstärkt hat. „Die moderne Gesellschaft stellt die Chance zur Individualität bereit, ohne freilich eine institutionell wirksame, sozial verlässliche Garantie für den Erfolg der biografischen Projekte zu übernehmen" (Böhnisch, Lenz und Schröer 2009: 18). Etwas umgangssprachlich kann zusammengefasst werden: „Ich muss schauen, dass ich sozial handlungsfähig, im psychosozialen Gleichgewicht bleibe und auf dem, was ich durchlebt habe, immer wieder einigermaßen aufbauen kann" (Böhnisch, Lenz und Schröer 2009: 18).

Die ausgeführten Anforderungen werden dabei an jede Form der Familie gestellt. Bei vielen Konstellationen allerdings, wie zum Beispiel bei Familien mit alleinerziehenden Elternteilen, kommen gemäß dem aktuellen Kinder- und Jugendhilfereport (2021: 7,11) zusätzliche, aus den Lebenszusammenhängen resultierende Belastungen und Herausforderungen hinzu. Auch Rauschenbach, Pothmann und Wilk (2009: 9) stellen fest, dass vor allem alleinerziehende Mütter mit strukturellen Anforderungen wie Armut, Arbeitslosigkeit und fehlende soziale Unterstützung im Alltag mit ihren Kindern zu kämpfen haben.

3.3 „Kulturell andere" Familien – Diskurs über die Kategorie „Migrationshintergrund"

Im Zuge von Globalisierungsprozessen kann auch eine Zunahme kultureller Vielfalt bei Familien als Adressatinnen der Hilfen zur Erziehung konstatiert werden. Oft wird dabei auf Herausforderungen in der Arbeit mit „kulturell anderen" Familien verwiesen, wobei darunter eine Arbeit mit Menschen verstanden wird, die einen anderen kulturellen Hintergrund haben als die Professionellen selbst (Hegemann und Oestereich 2009: 7). Oft und fast wie selbstverständlich wird die vermeintliche oder tatsächliche kulturelle Andersartigkeit auf die Kategorie „Migrationshintergrund" zurückgeführt (Eppenstein 2010: 96–97).

Wer in Deutschland dabei als „mit Migrationshintergrund" bezeichnet wird, ist jedoch nicht einheitlich definiert (Hegemann und Oestereich 2009: 21). Stošić (2017: 88–89) stellt fest, dass weder im wissenschaftlichen Kontext, noch im Bereich der amtlichen Statistiken und Bildungsberichterstattungen eine einheitliche Definition der Kategorie „Migrationshintergrund" vorliegt. Der Begriff taucht zum ersten Mal 1998 im 10. Kinder- und Jugendbericht auf und wird dort ohne nähere Erklärung als neue Differenzkategorie eingeführt (Bundesministerium für Familie, Senioren, Frauen und Jugend 1998). Der „Migrationshintergrund" wird lediglich aus dem Aufwachsen der Eltern in „anderen kulturellen Zusammenhängen" als in „traditionell deutschen" abgeleitet und so unter Verwendung eines normativen, totalitätsorientierten Kulturbegriffs für eine scheinbar homogene, deutsche Einheitskultur ein Gegenüber konstruiert (Bundesministerium für Familie, Senioren, Frauen und Jugend 1998: 11).

In verschiedenen Berichterstattungen und Veröffentlichungen wird „Migrationshintergrund" an Kombinationen aus diversen Merkmalen wie bspw. Staatsangehörigkeit, Geburtsland und auch Sprachgebrauch innerhalb der Familie festgemacht (Stošić 2017: 88–89), wobei die Staatsangehörigkeit als bedeutendster Ausdruck von (vermeintlicher) Migrationserfahrung gilt (do Mar Castro Varela und Mecheril 2010: 39). In aktuellen Statistiken des Statistischen Bundesamts und auch im Kinder- und Jugendmigrationsreport 2020 des Deutschen Jugendinstituts werden Bewohner*innen Deutschlands als Personen mit Migrationshintergrund klassifiziert, „wenn diese selbst oder ein Elternteil nicht seit Geburt die deutsche Staatsangehörigkeit besitzen" (Lochner 2020: 7). Laut dem Statistischen Bundesamt lebten nach dieser Definition im Jahr 2019 fast 7,3 Millionen unter 25-Jährige „mit Migrationshintergrund" in Deutschland wobei nur 1,9 Millionen eine eigene Migrationserfahrung gemacht haben (Statistisches Bundesamt 2020).

Die Zuschreibung „Migrationshintergrund" wird deshalb einerseits für ihren uneinheitlichen Gebrauch, aber auch für ihre mangelnde Erklärungskraft angesichts der Heterogenität der mit ihr erfassten Personengruppe kritisiert (Brake und Büchner 2012: 165). Dirim und Mecheril (2018: 175) stellen fest: „Die Gruppe, die durch die Bezeichnung ‚mit Migrationshintergrund' konstruiert wird, ist so heterogen, dass dieses Merkmal [bspw.] keinen Rückschluss auf die tatsächliche Bildungsbiografie und die Sprachkenntnisse der Gruppenangehörigen zulässt." Lochner (2020: 6) ergänzt: „Je nach Migrationsgeneration, Herkunftsregion und Aufenthaltsstatus ergeben sich die unterschiedlichsten Voraussetzungen für die Lebenslagen und den institutionellen Rahmen dieser Kinder, Jugendlichen und jungen Erwachsenen."

Neben dem wissenschaftlichen Gebrauch der Differenzkategorie wird „Migrationshintergrund" auch im alltäglichen Sprachgebrauch mit unterschiedlichen Akzentuierungen und Bedeutungen benutzt. Dabei fungiert die Bezeichnung als Sammelbegriff für vermutete Abweichung von Normalitätsvorstellungen und potentielle Fremdheit im Hinblick auf Biografie, Identität und Habitus (do Mar Castro Varela und Mecheril 2010: 38; Stošić 2017: 94). Das oft durch Fremdzuschreibung verliehene Merkmal entwickelt so eine Machtwirkung in Zugehörigkeitsdebatten um ein natio-ethno-kulturelles „Wir und die Anderen" (Mecheril 2010b: 13; Lochner 2020: 8). Durch die Verbindung von Kultur, Nation und Ethnizität wird dabei auf die diffuse und mehrdeutige Weise aufmerksam gemacht, in der die drei Begrifflichkeiten zur Imagination des „Wir ohne und die Anderen mit Migrationshintergrund" verwoben werden. Die Produktion der vermeintlich nicht zugehörigen und (potenziell) defizitären „Anderen" über die Bezeichnung „Migrationshintergrund" bietet dabei Nährboden für rassistische Positionen, um soziale Ungleichheit zu rechtfertigen und das Handeln und Können betroffener Menschen auf „ihre Kultur" oder „ihren Migrationshintergrund" zurückzuführen (Näheres zum Thema Kulturalisierung vgl. Kapitel 5.7) (Dirim und Mecheril 2018: 166, 172, 175).

Die kontroverse bis negative Aufladung des Begriffs „Migrationshintergrund" hat zu Versuchen geführt, den Terminus durch positivere Bezeichnungen wie bspw. „Zuwanderungsgeschichte", „Migrationsgeschichte" oder auch „Migrationserfahrung" zu ersetzen. „Freilich löst diese terminologische Differenzierung das Problem nicht, dass Hinweise auf (migrations-)gesellschaftliche Differenzordnungen, in der Personen als ‚mit' und ‚ohne' hervorgebracht und unterschiedlich verortet werden, auch in dieser positiven Besetzung letztlich nicht enthalten sind" (Dirim und Mecheril 2018: 175–176).

Zusammenfassend kann festgestellt werden, dass es sich bei „Migrationshintergrund" als gruppenkonstituierende Kategorie um eine Bezeichnungspraxis handelt, die zunächst im Zuge der Anerkennung der gesellschaftlichen Migrationstatsache eingeführt wurde und diese auch zum Ausdruck bringt. Einerseits kann die Zuschreibungspraxis zur Erfassung und Sichtbarmachung von migrationsgesellschaftlichen Herausforderungen und Ungleichheits- sowie Diskriminierungsverhältnissen genutzt werden.

An dieser Stelle soll im Folgenden deshalb auf die sich aus Migrationsprozessen- und erfahrungen ergebenden Anforderungen und Herausforderungen für Familien in der Kinder- und Jugendhilfe verwiesen werden (Dirim und Mecheril 2018: 172).

Zum einen ergeben sich Herausforderungen durch den tatsächlichen Migrationsprozess und die in diesem Zusammenhang wirkenden Mechanismen, denn „Migration bedeutet eine gesellschaftliche, ökologische, kulturelle und ökonomische Wende im Leben der Betroffenen" (Schönpflug 2008: 217). Der Ausdruck „Migration" erfasst dabei eine Vielzahl an Phänomenen, die für Aus- und Einwanderungsprozesse, Entstehen von Zwischenwelten und für Fremdheit betreffende Diskurse von Bedeutung sind (Mecheril 2010b: 11). Dabei wirken sich die Migrationserfahrung und der folgende Akkulturationsprozess nicht nur auf die wandernde Person selbst aus, sondern können als generationenübergreifender Prozess beobachtet werden (Lochner 2020: 6).

Hegemann und Oesterreich (2009: 43, 45, 47) listen folgende, sich gegenseitig beeinflussende Herausforderungen für Familien „mit Migrationshintergrund" auf:

„1. soziale Unterprivilegierung

2. Sprachbarrieren

3. kulturelle Fremdheit

4. rechtliche und gesetzliche Einschränkungen

5. Diskriminierung und Rassismus."

An dieser Stelle sei erneut auf die große Heterogenität der Familien „mit Migrationshintergrund" verwiesen. Das bedeutet, dass nicht alle Familien den selben Herausforderungen in gleicher Ausprägung begegnen. Durch den Migrationsprozess stehen jedoch alle Familien vor der Herausforderung, sich in einer neuen Gesellschaft zurechtzufinden und sich gegebenenfalls Veränderungsprozessen, der sogenannten Akkultulturation, zu unterziehen (Lochner 2020: 8; Hein 2006: 76–77). Diese kontinuierliche Anpassungsleistung erfordert ein hohes Maß an Aushandlung und Kommunikation wobei hier für einzelne Familienmitglieder und auch für das Familiensystem ein hohes Konfliktpotential besteht (Schönpflug 2008: 217).

Zum einen kann es zu einer Rollenverschiebung innerhalb des Familiensystems kommen. Meist akkulturalisieren sich Kinder und Jugendliche schneller als die Elterngeneration und übernehmen deshalb Aufgaben, wie bspw. die Außenpräsentanz oder die Interkationen mit Bezugssystemen, welche sonst den Eltern zugesprochen werden. Auch kann es zu einem veränderten Verständnis und einer Neuaushandlung der Rollenverteilung zwischen den Geschlechtern kommen, wobei ein Generationen- und Wertekonflikt entstehen kann (Schönpflug 2008: 223).

Erfahrungen der „Andersartigkeit" können nach Söyler, Reimer und Kloha (2015: 185) auch zu einem Konflikt um den eigenen Identitätsbildungsprozess und somit gleichzeitig einen Zugehörigkeitskonflikt führen. Identität als internalisiertes Bild von sich selbst konstruiert und äußert sich in dialogischen Aushandlungsprozessen in Zusammenhang mit anderen Menschen fortlaufend (Abeld 2017: 156–157; Böhnisch, Lenz und Schröer 2009: 32; Gahleitner 2020: 19).

> „Man wird nicht mit einer Identität geboren, sondern man entwickelt diese in einem lebenslangen Prozess. Dabei wird Identität nicht gelegentlich, sondern permanent konstruiert. [...] Dabei besteht Identitätsarbeit vorwiegend aus einer Verknüpfungsarbeit. Identitätskonstruktion meint in dieser Hinsicht die Verknüpfung von einzelnen Erfahrungen entlang einer Zeitachse (z. B. Vergangenheit oder Gegenwart) oder aus verschiedenen Lebensbereichen (z. B. Familie oder Arbeit). Andererseits bezieht sich Identitätsarbeit auch auf eine Aushandlung von Differenzen im Sinne einer Verhandlung zwischen widersprüchlichen Inhalten oder Anforderungen. Identität entsteht in dieser Hinsicht als Ergebnis einer Aushandlung von Differenzen und Konflikten zwischen dem Subjekt und seiner Umwelt, zwischen Vergangenheit, Gegenwart und Zukunft oder zwischen unterschiedlichen Lebenswelten." (Hein 2006: 65)

Im Kulturkontakt und in der Begegnung mit kultureller Differenz kommt es nach einem transkulturellen Verständnis dabei zu einer Vermischung von Traditionslinien, zu Verfahren wie Collage und Sampling, mit denen hybride kulturelle Identitäten ausgestaltet werden (Bhabha 2004: 233; Lüddemann 2019: 30–31). Das bedeutet, dass eine Person über mehrere „Teilidentitäten" verfügt, die inhaltlich verschieden und widersprüchlich, sich aber auch ergänzen und überlappen können (Hein 2006: 65–66).

Die sich daraus ergebende innere Ambivalenz und das Nebeneinander aus sich möglicherweise widersprechenden Rollenverständnissen, erfordert eine hohe Ambiguitätstoleranz von jeder*jedem Einzelnen (Abeld 2017: 159). Hybride Identitätskonzepte hängen dabei auch eng mit möglichen Zugehörigkeitskonflikten zusammen. Dabei geht es nicht nur um eine innere selbstbestimmte Aushandlung von Zugehörigkeit, sondern auch um eine Fremdzuschreibung zu bestimmten Gruppen.

„Es geht also nicht nur um das, was ich denke, sondern auch um das, was andere von mir denken. Das ist im Rahmen der kulturellen Identität besonders wichtig, da es dazu kommen kann, dass ich mich als Teil einer bestimmten Gemeinschaft betrachte, während andere diese Zugehörigkeit bestreiten. Der Widerspruch zwischen Selbst- und Fremdzuschreibung kommt bei Personen in multikulturellen sozialen Kontexten oft vor und kann in manchen Fällen dramatische Ausmaße erlangen (z. B. Ausweisung). An dieser Stelle erhält der kulturelle Kampf um Repräsentation und Macht auch seine volle Bedeutung." (Hein 2006: 70)

Deutlich wird, dass die Bezeichnung eine imaginäre Differenzlinie forciert und zu Benachteiligung und Defizitorientierung gegenüber den betroffenen Menschen führen kann (Dirim und Mecheril 2018: 172). Hier zeigt sich nach Stošić (2017: 95–96) das „Paradox eines Differenzdilemmas" (vgl. Kapitel 5.7). Kalpaka und Mecheril (2010: 78–79) betonen zwar die Wichtigkeit, „kulturelle Differenz" in den Blick zu nehmen, um pädagogische Zusammenhänge und Mechanismen sozialer Ungleichheit zu erfassen, jedoch nur als allgemeine und nicht als spezifisch auf den Migrationshintergrund eingeschränkte Perspektive. Borke und Keller (2021: 20) verweisen in diesem Zusammenhang auf ein transkulturelles Verständnis von kultureller Differenz, wonach „[genau] genommen […] jeder einzelne Mensch und jede einzelne Familie einen eigenen (sub)kulturellen Hintergrund [hat], da die Kontextbedingungen, in denen Menschen aufgewachsen sind, niemals identisch sein können" (Borke und Keller 2021: 20). In diesem weiten Verständnis reduziert sich kulturelle Andersartigkeit also nicht allein auf vermeintliche Differenzlinien zwischen Menschen „mit und ohne Migrationshintergrund", sondern gilt ganz umfassend für das Verhältnis zwischen unterschiedlichen Lebensformen und umfasst auch Unterschiede des Geschlechtes, zwischen den Generationen, der sexuellen Orientierung, der körperlichen Ausstattung oder auch des sozioökonomischen Status (Schröer 2016: 87).

Für die Kinder- und Jugendhilfe sollte die „Gefahr der Kulturalisierung und die erforderliche Behutsamkeit in der Verwendung kultureller Perspektiven […] nun jedoch nicht dazu führen, Unterschiede zu dethematisieren. Im Gegenteil, die kulturelle Praxis im Sinne von symbolischer Lebensweltaneignung und -transformation stellt eine wesentliche auch erziehungswissenschaftliche Analysedimension dar – allerdings nur unter der Voraussetzung, dass diese Dimension als allgemein bedeutsame Dimension verstanden wird" (Kalpaka und Mecheril 2010: 92). Das bedeutet, dass sich Fachkräfte der Kinder- und Jugendhilfe in der Arbeit mit Familien immer verschiedenen Bedeutungskomplexen bzw. potentieller kultureller Fremdheit und Andersartigkeit gegenübersehen können. Der Migrationshintergrund kann dabei als eine von mehreren wichtigen Kategorien herangezogen werden, um Lebensrealitäten zu beschreiben und damit zusammenhängende Mechanismen zu bedenken (Borke und Keller 2021: 10).

4 Zwischenfazit – Die professionelle Arbeitsbeziehung als Lösungsansatz

Zusammenfassend kann festgestellt werden, dass sich aus der Globalisierung und die in diesem Zuge aufkommenden Veränderungen der Gesellschaft für die Hilfen zur Erziehung vielfältige Herausforderungen ergeben (vgl. Abb. 1). Die Kategorie Kultur zieht sich dabei als Querschnittsthema sowohl durch die Diskurse als auch die Praxis der Kinder- und Jugendhilfe. Themen der Vielfalt, Differenz und Kultur werden immer wichtiger und die Kinder- und Jugendhilfe muss sich darin verorten und für sich geeignete Begriffsdefinitionen finden, um an den öffentlichen Diskursen teilnehmen zu können und Gesellschaft und die eigene Praxis zu gestalten (Goebel 2015: 137). Lebensauffassungen und Lebensentwürfe erscheinen globalisiert, indem sie soziale und geografische Grenzen überschreiten. Moderne Kulturen sind demnach durch eine hohe Hybridisierung gekennzeichnet. „Fremd" und „Eigen" wird dabei vermischt und Kulturen vernetzen sich und gehen ineinander über. So verändern sich durch die Entgrenzungsprozesse auch die Lebenswelten der Adressat*innen und es ergeben sich vielfältige Anforderungen und Herausforderungen für die Familien (vgl. Abb. 1). Kulturelle Diversität kann dabei auch Grund für Missverständnisse, Unzufriedenheiten und Konflikte sein. In einer sich immer schneller verändernden Gesellschaft werden so Kompetenzen zu gelingender Kommunikation, Interaktion sowie Reflexion auch vor dem Hintergrund möglicher Differenzen immer wichtiger (Gahleitner 2020: 12). Ob und wie Familien den festgestellten multiplen Anforderungen und Belastungen gerecht werden, entscheidet über die Partizipationsmöglichkeiten ihrer Mitglieder in der Gesellschaft. Im Hinblick auf Kinder und Jugendliche kann demnach festgestellt werden: „Familien als zentrale Orte des Aufwachsens von Kindern ermöglichen und verhindern soziale Teilhabechancen der nachwachsenden Generationen" (Schwamborn und Hahnen 2018: 459).

Soll sich die Hilfeleistung der Kinder- und Jugendhilfe also am aktuellen Bedarf orientieren, muss einerseits ein angemessener professioneller Umgang mit kultureller Vielfalt und Differenz gefunden werden, um andererseits Familien in ihren Lebenslagen zu unterstützen und für die Anforderungen der Postmoderne zu „wappnen" (Gahleitner 2014: 57; Duhn 2018: 40). Insbesondere die Gestaltung der Arbeitsbeziehung zu den Adressat*innen als wichtige Grundlage für den Hilfeprozess rückt hierbei in den Fokus (Gahleitner 2020: 12).

Dabei wird in Fachkreisen und in der Praxis übereinstimmend eine gelingende professionelle Beziehung als Voraussetzung der Hilfe in der Sozialen Arbeit benannt. Die Arbeitsbeziehung scheint demnach „ein wichtiges, wenn nicht das wichtigste" (Abeld 2017: 13) Instrument oder Medium im Zugang zu Adressat*innen zu sein und stellt einen zentralen Wirkfaktor für die potentielle Verwirklichung von Hilfezielen dar (Oevermann 2013: 146; Gahleitner 2020: 12; Schäfter 2009: 41; Ebert 2012: 72–73; Staub-Bernasconi 2007: 20). Abeld (2017: 14) ergänzt: „Selbst wenn Beziehungsgestaltung je nach Klientel und Arbeitsfeld teilweise erheblich voneinander differiert und bedürfnisgerechte Akzentuierungen verlangt: Beziehung könnte als *der* Fluchtpunkt Sozialer Arbeit bezeichnet werden, stellt sie doch den zentralen Zugangsweg zur Lebenswelt des/der KlientIn und somit den „Ort" [für die Umsetzung von Hilfeleistungen] [...] dar."

In der Beziehung zur*m Adressat*in können wichtige Kompetenzen zu gelingender Kommunikation, Interaktion sowie Reflexion vermittelt werden (vgl. Abb. 1). Die Gestaltung der Arbeitsbeziehung durch die Fachkräfte kann dabei selbst eine Modell- und Vorbildfunktion für die Adressat*innen entfalten (Schäfter 2009: 41; Galuske 2013: 42–43). Die Arbeitsbeziehung „kann als soziale Beziehung mit besonderem Schutz als direktes Arbeits- und Lernfeld zum Einüben sozialen Beziehungsverhaltens genutzt werden [...]. Typische Verhaltens- und Erlebensmuster der KlientInnen werden [auch in der Arbeitsbeziehung] [...] sichtbar bzw. entstehen dort und können von der [Fachkraft] [...] als Metakommunikation oder auch Konfrontation aufgegriffen werden. Hier besteht die Chance, modifizierte Verhaltensweisen auszuprobieren und einzuüben" (Schäfter 2009: 41).

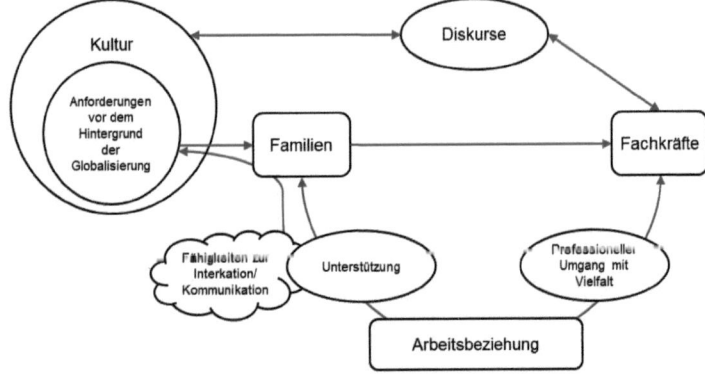

Abb. 1: Zusammenhänge der festgestellten Anforderungen und Lösungsmöglichkeiten

Abeld (2017: 90) bezeichnet die Arbeitsbeziehung zwischen Fachkraft und Adressat*innen deshalb auch als gemeinsam geschaffenen, sicheren „dritten Ort". Gahleitner (2020: 75) fasst zusammen: „Über eine gelungene professionelle Bindungsbeziehung kann die Möglichkeit zu Explorations- und gemeinsamen Kokonstruktionsprozessen entstehen, die wiederum Selbstevaluation, Selbstreflexions- und Bildungsvorgänge befördern und damit Persönlichkeits-, Identitätsbildungs- und Transformationsprozesse anregen."

Nach der Darstellung der Bedeutung einer gelingenden Arbeitsbeziehung muss nun die Frage nach deren konkreter Gestaltung erörtert werden. Wie sieht die Arbeitsbeziehung zwischen Fachkräften der Erziehungshilfen und den Familien aus und wie kann sie vor dem Hintergrund der festgestellten Herausforderungen gestaltet werden, um einerseits der kulturellen Vielfalt gerecht zu werden und andererseits Familien zu befähigen mit den gestiegenen Anforderungen umzugehen?

Im Folgenden soll deshalb die professionelle Arbeitsbeziehung von Fachkräften der Hilfen zur Erziehung zu ihren Adressat*innen näher beleuchtet werden. Dabei soll ein spezieller Fokus auf die Kategorie Kultur in der Beziehungsgestaltung gelegt werden. Anschließend werden die sich daraus ergebenden Gestaltungsbedarfe in Bezug auf die Arbeitsbeziehung erläutert und in der Kultursensibilität als Haltung eine mögliche Lösung diskutiert.

5 Die professionelle Arbeitsbeziehung in den Hilfen zur Erziehung – Merkmale und Spannungsfelder

Es ist unumstritten, dass eine gelingende Arbeitsbeziehung zwischen Fachkraft und Adressat*in eine wichtige Orientierungsleistung in Bezug auf aktuelle gesellschaftliche Transformationsprozesse darstellt (Gahleitner 2020: 10–11). Wie sich die Beziehung zwischen den professionell Handelnden und den Adressat*innen gestaltet, ist in den Hilfen zur Erziehung demzufolge von großer Bedeutung. Obwohl die Wichtigkeit und Wirkmacht einer gelingenden Arbeitsbeziehung zu den Adressat*innen bekannt ist, gibt es Unklarheit darüber, wie sich eine professionelle Beziehung im Detail gestaltet bzw. gestalten müsste (Gahleitner 2014: 55). Auch Abeld (2017: 12) führt an, dass sich Beziehungen allgemein und insbesondere professionelle Beziehungen nur schwer in ein „Beschreibungskorsett" zwängen lassen.

Im Folgenden werden Arbeitsbeziehungen anhand von vier konstitutiven Merkmalen dargestellt. Neben der Ko-Produktion, der Prozesshaftigkeit und dem Gegenstandsbezug spielt für die Erziehungshilfen vor allem die Netzförmigkeit von Arbeitsbeziehungen eine tragende Rolle. Dabei sollen auch die Spannungsfelder dargestellt werden, zwischen denen sich Arbeitsbeziehungen konstruieren. Im Zuge dessen werden zwei Modelle der professionellen Beziehungsgestaltung in der Sozialen Arbeit zunächst umrissen und vor dem Hintergrund der diskutierten Spannungsfelder der Kinder- und Jugendhilfe reflektiert. Ein besonderes Augenmerk wird hierbei auf die Entstehungsbedingungen der Beziehung zwischen Fachkraft und Adressat*innen gelegt werden. Anschließend soll auf Basis eines relationalen Verständnisses professioneller Beziehungen nach Köngeter (2009) ein für die Erziehungshilfen passendes Modell gefunden werden.

5.1 Professionelle Beziehungsmodelle nach Oevermann und Müller – eine Skizze

Ulrich Oevermann (2013; 2002) entwickelt seine Theorie auf der Prämisse eines auf Freiwilligkeit basierendes dyadischen Arbeitsbündnisses zwischen Fachkraft und Adressat*in. Das Arbeitsbündnis wird durch die freie Entscheidung der*des Hilfesuchenden initiiert (Oevermann 2002: 27, 43). Aufgrund eines „Leidensdrucks" erklärt sich die*der Adressat*in unter Einschränkung der eigenen Autonomie einverstanden, eine (meist therapeutische) Praxis zu beginnen, in der stellvertretend Problemlagen bearbeitet werden (Oevermann 2013: 127, 137; Köngeter 2013: 196). Der Leidensdruck ist deshalb sowohl Ausgangspunkt als auch „Energiequelle" für den Prozess der Gestaltung der Arbeitsbeziehung (Cloos u.a. 2009: 25–26). Ziel des Arbeitsbündnisses ist grundsätzlich, die eingeschränkte Autonomie der*des Hilfesuchenden wiederherzustellen (Oevermann 2002: 26). Daraus folgt, dass diese*r nicht zur Hilfe gedrängt oder gezwungen werden darf, da dies automatisch eine De-Autonomisierung fördern würde (Köngeter 2009: 15–17).

Eine weitere Theorie zur professionellen Beziehungsgestaltung in der Sozialen Arbeit liefert Burkhard Müller (2011). Im Mittelpunkt des Modells stehen auch hier die Bedingungen, unter denen eine professionelle Beziehung zustande kommt. Müller (2011: 157) führt an, dass die professionelle Arbeitsbeziehung in der Sozialen Arbeit sowohl durch externe gesellschaftliche als auch interne pädagogische Machtansprüche gerahmt ist. Es geht für ihn deshalb darum, durch „Produktion von Ähnlichkeit" einen „offenen Anfang" für die Herstellung einer professionellen Arbeitsbeziehung zu ermöglichen. Dieses „vorpädagogische Problem" soll dadurch gelöst werden, dass die Fachkräfte niederschwellige Gelegenheitsstrukturen für den Kontakt zu Adressat*innen schaffen (Müller 2011: 157) und ihre professionelle Distanz fallen lassen „zugunsten einer symmetrischen, Nähe erzeugenden, öffnenden Interaktion" (Köngeter 2009: 31). Zusammenfassend kann festgestellt werden:

> „Während bei Oevermann der Leidensdruck der KlientInnen eine notwendige Bedingung für das professionelle Handeln darstellt, erweitert Müller das Blickfeld und bezieht die Aufgabe des Eröffnens von Gelegenheiten und Gelegenheitsstrukturen für professionelles Handeln in sein Modell mit ein [...]. Er schließt zwar eine bereits bestehende Kooperationsbereitschaft als wünschenswert nicht aus, betont jedoch, dass sie nicht als prinzipiell gegeben angenommen werden kann. Vielmehr sieht er gerade in der Herstellung und Aufrechterhaltung von Kooperationen eine zentrale Aufgabe." (Köngeter 2009: 34)

Nach Bearbeitung des "vorpädagogischen Problems" geht es für Müller (2017: 20) um eine reflektierte Fallarbeit unter den Prämissen der Ganzheitlichkeit und Lebensweltorientierung (Thiersch 2014). Inwiefern ein enges Arbeitsbündnis im Oevermann'schen Sinne im Prozess entsteht, bleibt für Müller (2011: 158) offen.

5.2 Merkmale von professionellen Arbeitsbeziehungen in den Hilfen zur Erziehung

5.2.1 Prozesshaftigkeit

Das erste Merkmal professioneller Arbeitsbeziehungen liegt im Wesen von Beziehungen im Allgemeinen. Beziehungen bestehen aus Interaktionsreihen zwischen zwei Menschen und grenzen sich so von einmaligen Kontakten oder Begegnungen ab, die eine hohe Flüchtigkeit und Unverbindlichkeit aufweisen (Gahleitner 2020: 10). Das Entstehen von Beziehungen kann aus diesem Grund als Prozess angesehen werden, wobei Beziehungen sich in Dauer, (emotionaler) Intensität und dem Zweck unterscheiden können (Asendorpf, Banse und Neyer 2017: 12). Krappmann (2016: 40) versteht Beziehungen als „dynamische Systeme", welche sich im Prozess und im Austausch mit angrenzenden Systemen verändern und weiterentwickeln. In gelingenden Beziehungen entsteht eine gemeinsame soziale Praxis, auf deren Basis Interkation gestaltet werden kann. Das bedeutet, dass hier ein geteiltes Set an Bedeutungen, Erwartungen und Einschätzungen enthalten ist (Gahleitner 2020: 11; Fuchs 2021: 206). Auch Müller (2011: 158) und Oevermann (2002: 27) erkennen die Prozesshaftigkeit von professionellen Beziehungen und sehen diese nicht als statische Entitäten an.

5.2.2 Netzwerkförmigkeit

Ergänzend dazu beschreibt Köngeter (2013: 194–195) die Bedeutung der Netzwerkförmigkeit von Arbeitsbeziehungen zwischen Fachkräften der Kinder- und Jugendhilfe und den Erziehungsberechtigten. Das bedeutet, dass die Arbeitsbeziehungen zwischen Adressat*innen und Fachkräften Teil eines sozialen Netzwerks von verschiedenen sich beeinflussenden Sozial- und Arbeitsbeziehungen darstellen (Franz und Sobočan 2018: 121). So kann festgestellt werden, dass durch Implementierung einer Erziehungshilfe strukturell immer die Etablierung einer Triade zwischen Erziehungsberechtigten, Kind(ern) und Fachkraft stattfindet (Köngeter 2013: 194–195). Durch die Netzförmigkeit und reziproke Eingebundenheit der Arbeitsbeziehungen in verschiedene andere Kontexte und Systeme entstehen darüber hinaus vielfältige Wechselwirkungen. Beispielsweise kann eine positive Arbeitsbeziehung zur Mutter sich belastend auf deren Sozialbeziehung zum Vater auswirken, was wiederum auf die Arbeitsbeziehung zwischen Fachkraft und Mutter wirken kann. Auch die Relation der Fachkraft zu verschiedenen institutionellen Akteur*innen kann sich auf die Beziehungsgestaltung zu den Adressat*innen auswirken. Arbeitsbeziehungen stehen demnach, wie bereits festgestellt, im ständigen Austausch mit angrenzenden Systemen und entwickeln sich prozesshaft weiter (Krappmann 2016: 40). Sowohl Oevermanns (2002: 27) als auch Müllers (2011: 157) Modell basiert jedoch auf einem rein dyadischen Verständnis der Beziehung zwischen Fachkraft und Adressat*in. Köngeter (2013: 193) übt Kritik an der Modellen von Oevermann und Müller und stellt fest, „dass es innerhalb eines Falles mehrere, sich gegenseitig beeinflussende Arbeitsbeziehungen zwischen Eltern und Professionellen gibt, […] [weshalb] die Frage nach einer Arbeitsbeziehung in den Erziehungshilfen immer im Hinblick auf das *soziale Netzwerk* dieser und weiterer Sozial- und Arbeitsbeziehungen reflektiert werden [muss]. Mit anderen Worten: Die Konzentration auf die Gestaltung eines dyadischen Arbeitsbündnisses – wie es aus einer psychoanalytischen Tradition heraus entwickelt wurde – erweist sich nur als bedingt tauglich, um die Arbeitsbeziehungen zu Eltern in den Erziehungshilfen zu rekonstruieren" (Köngeter 2013: 193).

5.2.3 Zeitliche Begrenzung und spezifischer Gegenstandsbezug

Das dritte und vierte Merkmal professioneller Beziehungen ergibt sich aus der Abgrenzung zu alltäglichen Sozialbeziehungen. Im Gegensatz zu Alltagsbeziehung sind professionelle Arbeitsbeziehungen durch „Zweckgebundenheit" oder auch Gegenstandsbezug und „zeitliche Begrenzung" gekennzeichnet (Motzke 2013: 82). Der zeitliche Rahmen der Arbeitsbeziehung wird in der Regel durch institutionelle Vorgaben festgelegt und wird gemeinsam mit dem ausgehandelten Zweck „im Rahmen eines explizit oder implizit abgeschlossenen Vertrages festgelegt." Der Zweck oder auch der spezifische Gegenstandsbezug der Zusammenarbeit ist häufig nicht von Beginn an zu erkennen, sondern muss in einem Aushandlungsprozess der Aufträge der beteiligten Personen erst festgelegt werden (Schäfter 2009: 54–56; Köngeter 2009: 255–258).

Einen ersten Auftrag bringt die*der Adressat*in mit in die Arbeitsbeziehung ein. Sie oder er benennt mehr oder weniger deutlich ein Hilfegesuch und die damit verbundenen Interessen. Der staatliche Auftrag, der sich aus der Finanzierung der Hilfe begründet, ergibt sich aus den gesetzlichen Rahmenbedingungen und ggf. Ordnungs- und Kontrollinteressen der öffentlichen Hand (Böhnisch und Lösch 1979: 27,29,37). Der dritte Auftrag der in die Gestaltung der Arbeitsbeziehung eingebracht wird, kommt von Seiten der Profession der Sozialen Arbeit selbst (Staub-Bernasconi 2018: 114). Die Verpflichtung für die Fachkraft „nach bestem Wissen und Gewissen" zu handeln, beinhaltet sowohl die „Wissenschaftsbasierung der professionellen Praxis" als auch die „Ethikbasierung aufgrund der nationalen und internationalen Ethikkodicos der Profession" (Staub-Bernasconi 2018: 114). Staub-Bernasconi konstatiert hier das für die Soziale Arbeit kennzeichnende „Tripelmandat" als Rahmenbedingung zu Gestaltung von professionellen Beziehungen zu Adressat*innen (Staub-Bernasconi 2018: 112). Deutlich wird, dass die verschiedenen Aufträge innerhalb der professionellen Arbeitsbeziehung voneinander abweichen können, wodurch die Aushandlung eines gemeinsamen spezifischen Gegenstands der Beziehung erschwert wird (Schäfter 2009: 54–56).

Sowohl Oevermann (2013: 137) als auch Müller (2017: 21) führen den Gegenstandsbezug der professionellen Beziehung an. Bei beiden kommt die professionelle Beziehung zu einem bestimmten Zweck zustande. Müller (2012: 966) verweist darüber hinaus darauf, dass die professionelle Arbeitsbeziehung in der Sozialen Arbeit sowohl durch externe gesellschaftliche als auch interne pädagogische Machtansprüche gerahmt ist, wobei seine Ausführungen an dieser Stelle den Rahmenbedingungen des Tripelmandats ähneln.

5.3 Spannungsfeld Hilfe und Kontrolle

Ein sich aus dem staatlichen Auftrag ergebendes Spannungsfeld ist das der Hilfe und Kontrolle. Das Spannungsfeld spielt für die Kinder- und Jugendhilfe eine maßgebliche Rolle und bildet sich sogar im Gesetzestext ab, bei dem die zwei Anlässe für die Initiierung von Hilfeleistung wie folgt formuliert werden:

- § 27 Abs.1 SGB VIII

  Ein Personensorgeberechtigter hat bei der Erziehung eines Kindes oder eines Jugendlichen Anspruch auf Hilfe (Hilfe zur Erziehung), wenn eine dem Wohl des Kindes oder des Jugendlichen entsprechende Erziehung nicht gewährleistet ist und die Hilfe für seine Entwicklung geeignet und notwendig ist.

- § 1666 Abs.1 BGB

  Wird das körperliche, geistige oder seelische Wohl des Kindes oder sein Vermögen gefährdet und sind die Eltern nicht gewillt oder nicht in der Lage, die Gefahr abzuwenden, so hat das Familiengericht die Maßnahmen zu treffen, die zur Abwendung der Gefahr erforderlich sind.

„Während im ersten Fall die Eltern ein Recht auf Erziehungshilfe haben und dieses Recht in Anspruch nehmen können, erfolgt im zweiten Fall eine Intervention zwingend" (Köngeter 2009: 98). Wird die Beziehung auf Basis des Kontrollauftrags initiiert, kann dies eine gelingende Beziehungsgestaltung negativ beeinflussen. „Eine gelingende professionelle Arbeitsbeziehung erfordert jedoch die Kooperation der Adressat*innen, um die nötige Koproduktion der Hilfeleistung zu gewährleisten" (Wahl und Ullrich 2014: 359). Die Qualität der Hilfeleistung wird, wie in Kapitel 4 dargestellt, durch eine gelingende Arbeitsbeziehung beeinflusst und somit auch durch die Kooperationswilligkeit und -fähigkeit der Adressat*innen bestimmt (Galuske 2013: 54). Es wird deutlich, dass im Bereich der Erziehungshilfen nicht immer, wie von Oevermann idealtypisch gedacht, eine freiwillige Basis für die Beziehungsgestaltung gegeben ist (Schäfter 2009: 42). Dabei kann zwischen den Kategorien Hilfe und Kontrolle nicht immer klar an der (teils fließenden) Grenze zwischen Nicht-Gewährleistung des Kindeswohls und Gefährdung des Kindeswohls unterschieden werden (Köngeter 2013: 190). So besteht die zentrale Herausforderung in der Gleichzeitigkeit von Hilfe und Kontrolle in der Arbeitsbeziehung, weshalb diese zugleich unterstützend als auch einschränkend erlebt werden kann (Heiner 2004: 123)

5.4 Spannungsfelder Asymmetrie der Arbeitsbeziehung sowie Abhängigkeit und Hilfe zur Selbsthilfe

Aus dem Komplementarität von Hilfe und Kontrolle ergibt sich ein zweites Spannungsfeld der professionellen Beziehung, nämlich das der Asymmetrie und des Machtgefälles innerhalb der Arbeitsbeziehung (Becker-Lenz und Müller-Hermann 2013: 216–217). Asymmetrie in der Arbeitsbeziehung entsteht zunächst durch die gegebene Rollenverteilung von Hilfesuchenden und Hilfegebenden. Die*der Adressat*in ist dabei auf die Beziehung zur Fachkraft angewiesen, um Hilfe in einer Notsituation zu erlangen. Die Fachkraft besitzt dabei Überlegenheit in Bezug auf größeres Fachwissen, größere Distanz und weniger Betroffenheit zum Problem und das größere Repertoire an Handlungs- und Lösungsmöglichkeiten. Darüber hinaus ergibt sich das für die Kinder- und Jugendhilfe typische Machtgefälle aufgrund des bereits beschriebenen Kontroll-Mandats. Asymmetrie kann dabei sowohl als Voraussetzung als auch als Konsequenz der helfenden Beziehung verstanden werden. So ergibt ein Unterschied in Fachwissen, Problemsicht und Betroffenheit sowie unzureichende Lösungs- und Handlungsmöglichkeiten auf Seite der Hilfesuchenden die Notwendigkeit zur Initiierung der Arbeitsbeziehung. Durch die Akzeptanz der Beziehung gibt die*der Adressat*in als Konsequenz Autonomie ab, wodurch sich Asymmetrie in der Beziehung konstruiert (Schäfter 2009: 51–53).

Hier zeigt sich ein weiteres Paradoxon der Arbeitsbeziehung in der Kinder- und Jugendhilfe. Als Hilfe zur Selbsthilfe gedacht, muss die professionelle Beziehung vor dem Hintergrund der beschriebenen Spannungsfelder reflektiert werden. So sollte die Arbeitsbeziehung so gestaltet werden, dass bei gleichzeitiger Produktion von möglichen Abhängigkeiten, die Autonomie der Adressat*innen wieder hergestellt wird (Eppenstein 2010: 100). Zusammengefasst bedeutet dies, dass eine gelingende Arbeitsbeziehung auf lange Sicht gesehen, destruktiv auf sich selbst wirken muss. Nach dem Motto „Wie kann ich Ihnen helfen, mich wieder loszuwerden?" (Conen und Cecchin 2018) schafft sich die professionelle Beziehung selbst ab und wird bis auf eine Rat gebende und unterstützende Funktion überflüssig (Gahleitner 2020: 90). Hier lässt sich die für Oevermann (2013: 123; 2002: 26) im Fokus stehende unbedingte Wiederherstellung der Autonomie der Adressat*innen erkennen. Er erkennt die konstitutive Asymmetrie innerhalb der professionellen Beziehung und betont den Aspekt der Hilfe zu Selbsthilfe als Ziel und Wesen des Arbeitsbündnisses. Auch bei Müller (2011: 157) geht es um die (kurzzeitige) Aufhebung der Asymmetrie, jedoch bereits als Voraussetzung, um überhaupt eine Arbeitsbeziehung etablieren zu können (Köngeter 2009: 33–34).

5.5 Spannungsfeld Rollendiffusität sowie Nähe und Distanz

Trotz der scheinbar klaren Unterscheidung von Hilfesuchenden zu Hilfegebenden, haben es Fachkräfte in der professionellen Beziehungen unweigerlich mit einer gewissen Rollendiffusität zu tun (Abeld 2017: 92–93). So bringt sich die Fachkraft einerseits in ihrer Rollenfunktion als Sozialarbeiter*in in die Arbeitsbeziehung ein. Diese spezifische Rollenfunktion ist der Bearbeitung eines eingegrenzten Themen- oder Problemfelds verpflichtet und untersteht Regeln, Pflichten und Erwartungen, die an ihre Funktion geknüpft sind. Auf der anderen Seite steht die Fachkraft den Adressat*innen auch immer als ganze Person und als Privatmensch gegenüber, wobei gerade der persönliche Anteil der Arbeitsbeziehung als essentiell für eine gelingende Hilfeleistung beschrieben wird (Becker-Lenz und Müller-Hermann 2013: 216; Reupert 2007: 107). Abeld (2017: 96) stellt fest, dass es für Fachkräfte gar nicht möglich sei professionelle Arbeitsbeziehungen aufzubauen ohne gleichzeitig Anteile ihrer Selbst mit einzubringen: „Das Phänomen der professionellen Beziehung richtet sich dabei nicht nach den Grenzen der diese Bereiche repräsentierenden Wissensdisziplinen. *Bereiche mit entsprechenden Trennlinien existieren für das Wesen des Menschen nicht. Der Mensch ist. Beziehungen sind.*" Das heißt, die professionelle Arbeitsbeziehung ist persönlich in Bezug auf Kontinuität, Nähe und Intimität, aber auch reflektiert und distanziert, als theoretisch begründbare und erlernbare Rollenbeziehung (Dörr 2007: 137; Gahleitner 2014: 63). Das bedeutet, dass sich in professionellen Beziehungsverhältnissen „diffuse und rollenförmige Anteile in der Sozialbeziehung mischen" (Gaus und Drieschner 2011: 21). Oevermann (2013: 123) und Müller (2012: 967) erkennen beide ein Spannungsfeld zwischen der strukturierten Rollenfunktion der Fachkräfte und den (notwendigen) diffusen Momenten in der Beziehungsgestaltung.

Die sich aus der Gleichzeitigkeit der beruflichen wie privaten Rolle ergebende Problematik wird mit dem Begriff des Nähe-Distanz-Problems beschrieben (Schäfter 2009: 58–60). Dies stellt an Fachkräfte „die Herausforderung, einerseits formale Berufsrollen (Pädagogin/ Therapeutin) kompetent auszufüllen, andererseits sich zugleich als ‚ganze Personen' auf persönliche, emotional geprägte und nur begrenzt steuerbare Beziehungen einzulassen" (Dörr 2007: 137). Müller (2011: 157) plädiert hier, im Zusammenhang mit der Schaffung von Symmetrie, für die kurzzeitige Aufhebung der professionellen Distanz und für die Schaffung von Nähe als Bedingung zur Etablierung einer Arbeitsbeziehung (Köngeter 2009: 254–255).

5.6 Kritische Reflexion und Thesen zu Arbeitsbeziehungen in den Hilfen zur Erziehung

Vergleicht man beide beschriebenen Arbeitsbündnismodelle von Oevermann und Müller, können einige Gemeinsamkeiten festgestellt werden. Beide Modelle sind sich einig, dass ein professionelles Arbeitsbündnis bzw. eine professionelle Arbeitsbeziehung zwischen Fachkraft und Adressat*Innen eine zentrale Rolle spielt und das „Wie" der Gestaltung der Beziehung konstitutiv für eine gelingende Hilfeleistung ist. In beiden Modellen wird Bezug genommen auf die Prozesshaftigkeit und den Gegenstandsbezug als Merkmale professioneller Beziehungen im Allgemeinen. Darüber hinaus erkennen beide Autoren ein Spannungsfeld zwischen der strukturierten Rollenfunktion der Fachkräfte und den (notwendigen) diffusen Momenten in der Beziehungsgestaltung. Eine Differenz zwischen den beiden Modellen besteht jedoch darin, auf welche Weise ein Arbeitsbündnis bzw. eine Arbeitsbeziehung zustande kommt.

> „Während bei Oevermann der Leidensdruck der KlientInnen eine notwendige Bedingung für das professionelle Handeln darstellt, erweitert Müller das Blickfeld und bezieht die Aufgabe des Eröffnens von Gelegenheiten und Gelegenheitsstrukturen für professionelles Handeln in sein Modell mit ein […].

Er schließt zwar eine bereits bestehende Kooperationsbereitschaft als wünschenswert nicht aus, betont jedoch, dass sie nicht als prinzipiell gegeben angenommen werden kann." (Köngeter 2009: 34)

Beide Modelle erweisen sich dabei auf der einen Seite als zu voraussetzungsvoll und auf der anderen Seite als zu wenig komplex. Zu voraussetzungsvoll sind die Modelle, da die Etablierung einer professionellen Beziehung an die Freiwilligkeit auf Seiten der Adressat*innen geknüpft ist bzw. impliziert wird, dass eine enge, vertrauensvolle und auf Nähe beruhende Beziehung die Voraussetzung für eine gelingende Hilfe darstellt. Das dies in der Kinder- und Jugendhilfe nicht immer gegeben sein kann, wurde bereits umfassend erläutert. Gerade auch in Bezug auf die Netzförmigkeit von Arbeitsbeziehungen in der Kinder- und Jugendhilfe können enge, auf Nähe angelegte professionelle Beziehungen nicht ohne Vorbehalte als hilfreich angesehen werden. Enge Beziehungen „können andere Elternteile aus dem Hilfeprozess herausdrängen, es können Konkurrenzen zwischen Arbeits- und Sozialbeziehungen (z. B. zwischen Professionellen, Kindern und Eltern) entstehen usw. […] Es sollte zumindest in Betracht gezogen werden, dass in manchen Fallkonstellationen gerade auch schwache, distante Arbeitsbeziehungen relevant sein können oder […] indirekte Einflüsse über den Umweg anderer Sozial- und Arbeitsbeziehungen wirksam werden" (Köngeter 2009: 255).

Andererseits erweisen sich beide Modelle als zu wenig komplex, da nicht berücksichtigt wird, dass Arbeitsbeziehungen in der Kinder- und Jugendhilfe nicht in Dyaden bestehen, sondern in ein Netz aus weiteren Sozial- und Arbeitsbeziehungen in reziprokem Austausch eingebunden sind (Köngeter 2009: 254). Im Folgenden sollen deshalb in Ergänzung und Abgrenzung zu den vorgestellten Modellen ein relationales Verständnis von Arbeitsbeziehungen in der Kinder- und Jugendhilfe anhand der Merkmale Netzförmigkeit, Prozesshaftigkeit und Gegenstandsbezug dargestellt werden.

Allgemein kann festgehalten werden: Eine Arbeitsbeziehung entsteht immer dann, wenn zwischen professionellen Akteur*innen auf der einen Seite und den Erziehungsberechtigten und Kinder auf der anderen Seite, formal oder informell eine Erziehungshilfe vereinbart wurde. Beide Seiten sind dadurch verpflichtet koproduktiv zusammenzuarbeiten, ohne im Vorhinein festzusetzen, inwieweit ein enges Arbeitsbündnis entsteht oder nicht (Köngeter 2009: 57).

1. These: Arbeitsbeziehungen zwischen Erziehungsberechtigten und Fachkräften sind Teil eines Netzwerks von weiteren Sozial- und Arbeitsbeziehungen und beeinflussen einerseits dieses Netzwerk und werden vom Netzwerk beeinflusst.

2. These: Arbeitsbeziehungen sind soziale Prozesse, die sich dynamisch weiterentwickeln und als Teil eines Netzwerks von weiteren Sozial- und Arbeitsbeziehungen persönliche und familiale Hilfebiografien beeinflussen und von diesen beeinflusst werden.

3. These: Arbeitsbeziehungen entstehen durch die Bestimmung eines gemeinsamen Gegenstandes, der im Rahmen des Tripelmandats und durch
die Eingebundenheit der Arbeitsbeziehung in ein Netzwerk von weiteren
Sozial- und Arbeitsbeziehungen durch Aushandlung (sich gegenseitig be-
einflussender) verschiedener Problemwahrnehmungs- und Deutungsmuster vereinbart wird (Köngeter 2009: 255–258). Im Zuge der Netzwerkförmigkeit und Prozesshaftigkeit kann hier auch von einem „Gegen-
standsfeld" gesprochen werden, da auch die Gegenstandsbestimmung
sich fortlaufen weiterentwickeln und neu konstituieren kann (Köngeter
2009: 289).

Wahl und Ullrich (2014: 359) erkennen in der professionellen Beziehungsgestaltung eine große Herausforderung für die Soziale Arbeit. Dabei arbeiten Praktiker*innen der Kinder- und Jugendhilfe mit Menschen verschiedenster Wertvorstellungen und kultureller Bedeutungskomplexe zusammen. Eine Arbeitsbeziehung stellt deshalb immer auch einen Kulturkontakt dar. Es stellt sich demnach
die Frage, welche Rolle Kultur neben den dargestellten Spannungsfeldern in Arbeitsbeziehungen der Kinder- und Jugendhilfe einnimmt.

5.7 Spannungsfeld Kultur als Bezugsgröße und Gefahr der Kulturalisierung

Kultur als System von Bedeutungskomplexen eines jeden Menschen kommt in
vielfältiger Weise bei der Gestaltung von Arbeitsbeziehungen vor. Zum einen
konnte dargestellt werden, dass Fachkräfte immer als ganze Personen in die
Arbeitsbeziehung eintreten. Neben ihrem erlernten Rollenverständnis und den
daraus resultierenden Denkweisen, bringen sie also auch stets ihre persönlichen
kulturellen Bedeutungskomplexe in die professionelle Beziehung mit ein. Diese
begegnen in der Arbeitsbeziehung dem ggf. unterschiedlichen System an Bedeutungskomplexen der Erziehungsberechtigten, wodurch es zu Missinterpreta-
tionen, Missverständnissen oder auch Konflikten in Bezug auf die Aushandlung
des Gegenstands oder in der Interaktion allgemein kommen kann (Borke und
Keller 2021: 17; Abels 2007: 20).

Dabei kann Kultur als Zusammenspiel von Bedeutungskomplexen eine wichtige
Bezugsgröße zur Erklärung und Bearbeitung der Missverständnisse in der Arbeitsbeziehung darstellen, muss aber nicht. Ludwig und Chris (2014: 420) verweisen in diesem Zusammenhang auf die Gefahr der Kulturalisierung von Adressat*innen und Situationen. Dabei wird das Handeln von Menschen nur im
Rahmen ihrer scheinbar determinierenden Kultur interpretiert (Hamburger 2018:
140). Nach dem Grundsatz „Das ist was Kulturelles" wird Andersartigkeit durch
die Zugehörigkeit zu einer Ethnie oder fremden Kultur erklärt und verstanden
(Wahl und Ullrich 2014: 358). Gefahren hierbei sind bspw. die Reduzierung der
Adressat*innen zu „Trägern" einer nationalen Herkunftskultur, zu „Vertretern" eines als homogen unterstellten Kollektivs mit der Zuschreibung bestimmter Eigenschaften und Vorurteilen. Außerdem können durch die Ethnisierung sozialer
Konflikte tatsächlich vorliegende Problemlagen wie beispielsweise strukturelle

Bedingungen von Ungleichheit auf eine kulturelle Dimension hin reduziert werden, was deren Aufrechterhaltung legitimiert (Eppenstein und Kiesel 2008: 83). Diese Überlegungen ergänzen die in Kapitel 3.3 dargestellte Diskussion um die Bezeichnungspraxis „Menschen mit Migrationshintergrund".

Ein Ausschluss von Kultur als Bezugsgröße in der Gestaltung von Arbeitsbeziehungen ist nach Eppenstein und Kiesel (2008: 82) jedoch auch nicht zu verfolgen. So können für Adressat*innen relevante Bedeutungszusammenhänge übersehen und kann eigene kulturelle Gebundenheit negiert werden. Mangelnde Sensibilität gegenüber den Bedeutungskomplexen und Bedürfnissen der Adressat*innen kann dabei zu expertokratischen Diagnosen und Handlungsmaßnahmen führen. So passiert professionelle Beziehungsgestaltung in den Hilfen zur Erziehung im Spannungsverhältnis zwischen Einbezug kultureller Aspekte unter der Gefahr der Kulturalisierung und dem Wissen um eine vermeintliche Irreführung durch die Kategorie Kultur.

> „Will [...] [Kinder- und Jugendhilfe] ihr Gegenüber angemessen verstehen, wird sie bestrebt sein, ‚Kultur' zu entziffern; in der Dialektik von Verstehen und Verfügen, von Begreifen und Eingreifen aber muss sie gleichermaßen darauf achten, dem Gegenüber nicht in doppeltem Sinn die Freiheit zu nehmen, indem sie es auf eine Kultur festlegt und indem sie über den Prozess des Verstehens dieses Wissen zur Macht über den anderen macht." (Eppenstein und Kiesel 2008: 95–96)

Vor diesem Hintergrund ist es Aufgabe der Kinder- und Jugendhilfe, Arbeitsbeziehungen mit Adressat*innen kultursensibel zu gestalten (Eppenstein und Kiesel 2008: 75).

6 Kultursensibles Arbeiten in den Hilfen zur Erziehung

In den letzten Jahren hat deshalb vor allem die Forderung nach Interkultureller Kompetenz der Fachkräfte der Kinder- und Jugendhilfe in Bezug auf die professionelle Beziehungsgestaltung Konjunktur. Thomas et.al. (2005: 188) sehen Interkulturelle Kompetenz als notwendige Voraussetzung für eine angemessene und gelingende Beziehungsgestaltung und Interaktion mit „kulturell anderen" Adressat*innen der Sozialen Arbeit. Die Leistung Interkultureller Kompetenz besteht dabei darin, „[...] zielgerichtetes, erwartungsgesteuertes, geplantes und willentlich vollzogenes interpersonales Verhalten im Kontext kultureller Überschneidungssituationen zu erfassen" (Thomas, Kammhuber und Schmid 2005: 187–188).

Vor diesem Hintergrund entstanden zahlreiche Kataloge Interkultureller Kompetenzanforderungen, welche Wissen, Kenntnisse und Fähigkeiten beinhalten, die vorausgesetzt werden, um Kulturkontakte und Arbeitsbeziehungen gelingend zu gestalten. Das offene und unspezifische dieser Kataloge ermöglicht dabei eine „prinzipiell unendliche" Fortschreibung der Anforderungen, sollten die ergriffenen Handlungsmaßnahmen nicht den gewünschten Effekt erzielen. So erscheinen die Kataloge immer als unvollständig und weisen dabei technokratische Tendenzen auf (Eppenstein und Kiesel 2008: 135).

Nach Betrachtung der Merkmale und Spannungsfelder in denen Arbeitsbeziehungen sich befinden wird deutlich, dass sich die Gestaltung der Beziehung grundsätzlich strukturlogisch der Standardisierung verweigert (Abeld 2017: 12). Becker-Lenz und Müller-Hermann (2013: 208–209) führen an: „Die Nichtstandardisierbarkeit [...] wird als etwas in sich Krisenhaftes verstanden, dem mit dem professionellen Habitus etwas Verlässliches gegenübergestellt werden muss." Bohler (2013: 244) ergänzt, dass der professionalisierte Habitus in der Kinder- und Jugendhilfe „eine größere Adäquanz und Kohärenz in der Praxis" herzustellen vermag, als „jeder Versuch einer ‚Formalisierung' der Hilfen." Auch Becker-Lenz und Müller-Herrmann (2013: 209–210) verweisen auf die Wichtigkeit eines professionellen Habitus für die erfolgreiche Beziehungsgestaltung.

Auf dieser Grundlage und im Wissen über die Schwierigkeiten und Grenzen des eher funktionalen und technischen Verständnisses von Interkultureller Kompetenz und im Hinblick auf ein transkulturelles Verständnis von Kulturkontakten hat sich innerhalb der Theoriediskussionen und pädagogischen Konzepte sozialer Berufe deshalb der Begriff der Kultursensibilität als Haltung ausgebildet (Eppenstein und Kiesel 2008: 172).

6.1   Der professionelle Habitus

Der Begriff Habitus stammt aus dem Lateinischen „habitus" (Gehabe, Haltung, Verhalten, Erscheinungsbild) und dem Verb „habere" (haben, halten). Es stellt sich nun die Frage, was unter dem Begriff verstanden werden kann. Abeld (2017: 149) konstatiert, dass außerhalb der soziologischen Disziplinen unterschiedliche Semantiken des Terminus verwendet werden. Im Folgenden soll sich deshalb auf die Arbeiten des französischen Soziologen Pierre Bourdieu bezogen werden, der ein „differenziertes und gut handhabbares Konzept ausgearbeitet [hat], das sich dann zu einem festen Bestandteil kulturwissenschaftlichen Argumentierens entwickeln konnte. [...] Bourdieu griff dabei in unterschiedlicher Weise und Intensität auf eine ganze Reihe an Denkern, v. a. der Philosophie, der Kunstgeschichte, der Soziologie und der Sprachphilosophie, zurück" (Heimerdinger 2020: 156).

Nach Bourdieu (1993: 98–99) bezeichnet der Habitus die in der Sozialisation entwickelten, das Handeln rahmenden Handlungsdispositionen eines Menschen. Das bedeutet, dass der Habitus ein System verinnerlichter Muster ist, welche Handeln, Denken und Verhalten strukturieren (Sander 2014: 16), oder in Bourdieus Worten als „Erzeugungs- und Ordnungsgrundlage für Praktiken und Vorstellungen" fungieren, und zwar im Sinne einer "Spontaneität [!] ohne Wissen und Bewußtsein [!]" (Bourdieu 1993: 98, 105). Der Habitus nach Bourdieu kann demnach auch als „eine Art des Vorgehens oder Handelns", ein Operator oder auch „modus operandi" bezeichnet werden (Krais und Gebauer 2017: 5–6), wobei die inkorporierten Handlungsdispositionen meist unterbewusst verwendet werden. „[Das Subjekt] *kann* sie, aber es *weiß* nicht um sie" (Abels 2020: 359).

Der Habitus konstituiert sich dabei in einem komplexen Wechselspiel von Individuum und Umwelt und ist nach Bourdieu (2018: 279) „strukturierte und strukturierende Struktur" zugleich (vgl. dazu auch (Bourdieu und Wacquant 2006). Heimerdinger (2020: 162) ergänzt: Der Habitus „ist gleichermaßen Erzeugungsprinzip und Resultat des kulturellen Prozesses."

Der Habitus ist dabei keine angeborene Charaktereigenschaft, sondern wird im Lebensverlauf erworben und erlernt (Heimerdinger 2020: 161; Krais und Gebauer 2017: 31). Die verinnerlichten Handlungsdispositionen erlernen Subjekte schon ab der frühen Kindheit durch die Teilnahme an der Gesellschaft und die soziale Interkation mit Anderen (Bourdieu und Wacquant 2006: 154; Ebert 2012: 80). „Die Sozialisation der Familie legt dabei den Rahmen des jeweiligen Habitus fest. Dieser Rahmen kann zwar durch biografische Schlüsselerlebnisse abgewandelt werden, bleibt aber als eine Art Grundstruktur ein Leben lang erhalten und strukturiert Formen und Regeln von Handlungen der Individuen" (Liebsch 2008: 79).

Der Habitus legt demnach zwar einen Rahmen des individuellen Handelns fest, ist aber nicht deterministisch fixiert und kann weiterentwickelt und ergänzt werden (Heimerdinger 2020: 161). Diese Eigenschaft ist vor allem für die Bildung eines professionellen, beruflichen Habitus von Vorteil. Der professionelle Habitus kann als Bestandteil des Gesamthabitus einer Person verstanden werden bzw. baut auf den dort enthaltenen Handlungsdispositionen auf. Die im Lebenslauf stattfindende nicht bewusste Habitusbildung wird um eine Habitusbildung ergänzt, die über ein aktives, systematisches Lernen und den Diskurs vermittelt wird. Der professionelle Habitus strukturiert die für die entsprechende berufliche Praxis „angemessenen" Verhaltensweisen und ist die Vorbedingung für eine professionelle Problemwahrnehmung (Bohler 2013: 233; Becker-Lenz und Müller-Hermann 2013: 208). Nach Abeld (2017: 177) stellen gerade Krisen und Unsicherheiten in der Interaktion und Gestaltung von Arbeitsbeziehungen die Chance zur Weiterentwicklung des professionellen Habitus dar.

> „Jede festgefahrene Vorstellung, jede Verweigerung von Irritation eigener (Teil-)Identität [...] erschwert oder verunmöglicht die Herausbildung eines professionellen Habitus, wohingegen das Zulassen von Krisen, die Akzeptanz von Verunsicherung, eine Suchhaltung und ein reflexiver, auf den stets vorläufigen Charakter abstellender Umgang mit Theorie eine solche begünstigt, ja geradezu erzwingt." (Abeld 2017: 177)

Der professionelle Habitus setzt für die Fachkraft demnach einen Spiel- und Interpretationsraum, in dessen Rahmen Arbeitsbeziehungen gestaltet werden können. Die erworbenen Handlungsdispositionen eröffnen Fachkräften Möglichkeiten, um kreativ und flexibel auf wechselnde Anforderungen reagieren zu kön-

nen und im Sinne von Werkzeugen zur „Paradoxiebewältigung" mit den dargestellten Spannungsfeldern und Ambivalenzen angemessen umgehen zu können
(Bourdieu 1993: 102–104; Ebert 2012: 81; Abeld 2017: 183).

Nachdem nun ein umfassendes Verständnis des professionellen Habitus dargestellt wurde, soll im Folgenden die geforderte Kultursensibilität als Teil des professionellen Habitus näher betrachtet werden.

6.2 Kultursensibilität als Teil des professionellen Habitus

Schon Anfang der 2000er Jahre entwickelte sich vor allem im Pflegesektor und
in der Altenhilfe ein großes Interesse für das Thema (Baykara-Krumme 2013: 6).
Kultursensibilität bedeutet hier allgemein eine Haltung, die aufmerksam ist gegenüber den kulturellen Bedeutungskomplexen und Bedürfnissen der Adressat*innen. Dabei wird das Gegenüber nicht stereotyp- und klischeehaft auf seine
vermeintliche Kultur oder Herkunft festgelegt, sondern es wird im Koproduktions-
prozess mit der*m Adressat*in Beziehung gestaltet (Brzoska und Razum 2009:
159; Sander 2014: 11). Der Begriff der Kultursensibilität wird nach Eppenstein
und Kiesel (2008: 173) noch erweitert und bezeichnet dabei das Vermögen von
Fachkräften (kulturell geprägte) Spannungsfelder in der Beziehungsgestaltung
mit Adressat*innen zu erspüren. Als Spannungsfelder werden hier Grundkon-
flikte Sozialer Arbeit angesprochen, welche in der Theorie nicht lösbar sind und
in der Praxis ausbalanciert werden müssen (Eppenstein und Kiesel 2008: 172–
173). Diese Spannungsfelder wurden in Kapitel 5 für die Beziehungsgestaltung
in der Kinder- und Jugendhilfe bereits umfassend dargestellt und sollen nun
durch den Blick der „Kulturbrille" auf die Gestaltung von Arbeitsbeziehungen ergänzt werden.

Im Folgenden soll Kultursensibilität als Haltung in Bezug auf ein bedeutungsorientiertes Kulturverständnis und vor dem Hintergrund transkultureller Kulturkontakte spezifiziert werden. Dabei soll Kultursensibilität nicht, wie oft in aktuellen
Diskursen, auf den Migrationsstatus des Gegenübers bezogen werden
(Baykara-Krumme 2013). Vielmehr sollen alle Adressat*innen der Erziehungshilfen ganzheitlich in den Blick genommen werden und unterschiedliche „Diffe-
renzmerkmale" und Zugehörigkeiten (Lebenswelten, Subkulturen, Milieus) ein-
geschlossen werden, da auch das bedeutungsorientierte Kulturverständnis eine
holistische Perspektive auf Kultur konstatiert und diese nicht anhand von Ethni-
zitäten ausweist (vgl. dazu auch die Diskussion um die Bezeichnungspraxis
„Migrationshintergrund" in Kapitel 3.3).

6.3 Ergänzung der Spannungsfelder durch den Blick durch die „Kulturbrille"

*Kultursensibilität bewegt sich in den Spannungsfeldern zwischen „Mündig-Ma-
chen" und „Integrität-Wahren" (Eppenstein und Kiesel 2008: 175)*

Adressat*innen der Hilfen zur Erziehung müssen sich häufig mit Herausforderungen aufgrund eingeschränkter Autonomie auseinandersetzen, die oft auf strukturelle Unterprivilegierung aufgrund bestimmter (vermeintlicher) soziokultureller Merkmale zurückzuführen ist. Dies wird vor allem im Diskurs um die Zuschreibungspraxis „mit Migrationshintergund" deutlich (vgl. Kapitel 3.3). Kinder- und Jugendhilfe bewegt sich hier im Spannungsfeld einer oftmals unausgesprochenen Forderung nach Anwaltschaftlichkeit für die Adressat*innen und dem Ziel deren Integrität und Selbstständigkeit nicht zu unterbinden (Eppenstein und Kiesel 2008: 179). Kultursensibilität bedeutet in diesem Zusammenhang, Ziele für ein gelingendes kulturelles Zusammenleben durch Mündigkeit der Adressat*innen anzustreben, ohne die gegenwärtige Integrität dieser zu verletzen (Eppenstein und Kiesel 2008: 180–181).

Kultursensibilität bewegt sich in den Spannungsfeldern zwischen Konstruktion und Dekonstruktion von Differenz (Eppenstein und Kiesel 2008: 175)

Kinder- und Jugendhilfe ist gewohnt, vor allem kulturelle und ethnische Differenzen als Kriterium für Ausgrenzungen oder Benachteiligungen von Adressat*innen kritisch zu sehen, konstituiert aber gleichzeitig Interventionen und Handlungsmaßnahmen anhand jener vermeintlicher Differenzen und reproduziert diese dadurch (Eppenstein und Kiesel 2008: 181). In einem transkulturellen Verständnis von Kulturkontakten werden die Grenzen zwischen „Eigen" und „Andersartigkeit" als fließend betrachtet. Differenzlinien werden als kontingent erkannt, und es wird auf die Hybridität von Kultur und kultureller Identitäten hingewiesen. Trotz dieses Verweises auf die Eigenart von Differenzen und Andersartigkeit, können diese Differenzen als reale Strukturmuster beobachtet werden und Wirkung erzielen. Das bedeutet für eine kultursensible Arbeit darauf zu achten, in der Beziehungsgestaltung mit Adressat*innen aufgeschlossen zu sein für die Dilemmata von Differenz und zu versuchen, bestehende Differenzierungsverfestigungen zu dekonstruieren (Eppenstein und Kiesel 2008: 182).

Kultursensibilität bewegt sich in den Spannungsfeldern zwischen dem Universalitätsanspruch eines gesellschaftlich anerkannten Moral-Kodex und differenten, partikularen Gelingensbildern (Eppenstein und Kiesel 2008: 175)

Adressat*innen Sozialer Arbeit befinden sich oft im Spannungsfeld normativer und moralischer Anforderungen einer bestimmten Art der Lebensführung oder Erziehungsstile und ihren eigenen Konzepten und Vorstellungen. Dabei wird im Alltagsbewusstsein oft davon ausgegangen, dass es bei Fragen der Lebensführung und Erziehungsstile um Spannungen zwischen Tradition und Moderne geht, wobei vor allem mit der Bezeichnungspraxis „mit Migrationshintergund" traditionelle Wertvorstellungen assoziiert werden. Dies verschafft Vertreter*innen „der Aufnahmegesellschaft den Vorteil […], als ‚modern' gelten zu dürfen, ohne sich näher mit dem eigenen Konventionalismus auseinander setzen zu

müssen" (Eppenstein und Kiesel 2008: 187). Kultursensibilität bedeutet selbst-
reflexiv die eigene professionelle Befangenheit in dieser Spannung in Erinnerung
zu halten und Empfindsamkeit gegenüber den möglichen Ambivalenzen zu entwickeln, die dieses Spannungsfeld auslösen kann (Eppenstein und Kiesel 2008:
185). So können moderne oder traditionelle Lebensführungsmodelle nicht im
Hinblick auf Kategorien wie „besser" oder „schlechter" miteinander verglichen
werden, vielmehr soll die Bereitschaft bestehen, gegebenenfalls zwischen den
Polen zu vermitteln (Borke und Keller 2021: 28; Eppenstein und Kiesel 2008:
190).

> „Natürlich können dabei die gesetzlichen Bestimmungen, die in Deutschland
> bestehen, nicht umgangen werden. Dies gilt für das Grundgesetz wie für alle
> anderen Gesetze und Verordnungen. [...] Hier bedarf es einer sensiblen
> Herangehensweise, welche beinhaltet, die Hintergründe zu erkunden, zu
> verstehen und bei der Entscheidung über das weitere Vorgehen einzuord-
> nen. Es soll hier natürlich nicht für ein Wegschauen oder Ignorieren plädiert
> werden. Kindliche bzw. familiäre Miss- und Notstände müssen wahr- und
> ernst genommen und entsprechende Hilfe sollte angeboten und organisiert
> werden." (Borke und Keller 2021: 88–89)

*Kultursensibilität reflektiert kritisch Widersprüche und Grenzen eigener Hand-
lungsmöglichkeiten in jeweils spezifischen Handlungskontexten (Eppenstein und
Kiesel 2008: 175)*

Die Hilfen zur Erziehung agieren, wie bereits dargestellt, im Spannungsfeld des
Tripelmandats zwischen Handlungsmöglichkeiten und –grenzen aufgrund insti-
tutioneller und adressat*innen- sowie professionsbezogener Anforderungen und
Gegebenheiten (Goebel 2015: 153). Kultursensibilität erfordert eine kritische Reflexion der Handlungsmöglichkeiten, wobei das Selbst als wichtige Einflussgröße
im Geschehen wahrgenommen werden soll (Eppenstein und Kiesel 2008: 190;
Wahl und Ullrich 2014: 364). Dabei bedeutet Reflexivität, das Selbst stets situa-
tionsgebunden, eingebunden in die Anforderungen des Tripelmandats und die
eigenen kulturellen Bedeutungskomplexe zu verstehen (Wahl und Ullrich 2014:
364; Sander 2014: 12; Eppenstein und Kiesel 2008: 82).

*Kultursensibilität reflektiert kritisch Widersprüche und Grenzen der den eigenen
Praxen und Konzepten hinterlegten Theorien und Diskurse (Eppenstein und
Kiesel 2008: 175)*

Kultursensibilität bedeutet zudem die Reflexion professionseigener Theorien
und Diskurse (Eppenstein und Kiesel 2008: 198). Im Sinne eines bedeutungsorientierten Kulturverständnisses werden Diskurse als Ausformung von Kultur
verstanden und dienen vor allem der Kritik und Reflexivität von bestehenden Be-
deutungsstrukturen. In der Reflexion dieser Theorien und Diskurse geht es darum, neue Bedeutungskomplexe von Kultur zu entdecken, sich kritisch oder ver-

mittelnd einzubringen und damit sozialarbeiterisches Handeln weiterzuentwickeln und zu professionalisieren (Goebel 2015: 134; Eppenstein und Kiesel 2008: 201–202).

Kultursensibilität entwickelt Wissen im Hinblick auf Zusammenhänge individueller Schicksale und gesellschaftlicher Struktur und weiß um dessen Machtpotential (Eppenstein und Kiesel 2008: 175)

Kultursensibilität bedeutet in diesem Zusammenhang die Beachtung der Ambivalenz von Wissen und Nicht-Wissen in der Gestaltung der Arbeitsbeziehung (Eppenstein und Kiesel 2008: 203). So muss auf der einen Seite Fachwissen über unterschiedliche kulturtheoretische Ansätze und deren „Gefahren", über migrationsgesellschaftliche Herausforderungen und Ungleichheits- sowie Diskriminierungsverhältnisse oder auch über Phänomene der Mehrfachzugehörigkeit und Hybridität vorhanden sein, um Zusammenhänge individueller Schicksale und gesellschaftlicher Struktur verstehen zu können (Mecheril 2010a: 189). Auch Eppenstein (2010: 112) erkennt die Wichtigkeit eines spezifischen Fachwissens an – verweist auf der anderen Seite in diesem Zusammenhang jedoch auch auf die Gefahr, dieses Wissen zur Macht über den Anderen zu machen. Kalpaka und Mecheril (2010: 96–97) führen hierzu aus, dass die professionelle Beziehungsgestaltung unter Bedingungen kultureller Vielfalt die Bereitschaft erfordert, sich von einem instrumentellen Zugriff auf das „Wissen über Andere" im Sinne von Kulturalisierung zu verabschieden. „Das einschränkende, festlegende und auch gewaltförmige Potenzial von Wissen wird vielleicht nirgends so deutlich wie im wissensbegründeten Umgang mit den natio-ethno-kulturell Anderen" (Kalpaka und Mecheril 2010: 97).

Kultursensibilität bedeutet hier eine Haltung des Nicht-Wissens über die*den Andere*n und eine Haltung des offenen, empathischen Suchens nach Verstehen in der Beziehungsgestaltung (Borke und Keller 2021: 93–94; Buber 2011: 14,18-19). Kultursensibilität erfordert demnach auch die Bereitschaft im Kulturkontakt neues kulturelles Wissen zu generieren und bestehendes Wissen gegebenenfalls zu ergänzen oder zu revidieren. Adressat*innen kann so in der professionellen Arbeitsbeziehung die Funktion zukommen, Sozialarbeiter*innen überhaupt erst zu einem angemessenen Verständnis von Bedeutungskomplexen zu verhelfen (Eppenstein und Kiesel 2008: 204).

Kultursensible Kinder- und Jugendhilfe vertritt demnach eine Haltung, die sich der Spannungsfelder und Kontroversen, in denen sie agiert und innerhalb derer sich professionelle Arbeitsbeziehungen konstruieren, bewusst ist und diese zu identifizieren und zu reflektieren weiß. Sie ist sich der Kontingenz der eigenen kulturellen Bedeutungskomplexe bewusst und kann diese durch ein offenes, transkulturelles Verständnis von Kulturkontakten reflektieren, erweitern und verändern. Kultursensibilität in den Hilfen zur Erziehung bedeutet, Kultur als Zusammenspiel aus Bedeutungskomplexen anzuerkennen, welche offen im Prozess und der möglichen Veränderung stehen, und dabei hybriden Identitätskonzepten Raum zu ermöglich (Eppenstein und Kiesel 2008: 94-95).

Dabei determiniert Kultursensibilität als Haltung keine Vorgaben für oder gegen eine bestimmte Gestaltung von Arbeitsbeziehungen. Arbeitsbeziehungen entstehen immer zwischen Personen in spezifischen Kontexten und entziehen sich der Standardisierung, was konkrete Handlungsanweisungen nicht generalisierbar macht (Eppenstein und Kiesel 2008: 173). Rücksichtnahme im Sinne von Sensibilität als Feinfühligkeit wird nicht eingefordert. So geht es nicht darum Adressat*innen „in Watte zu packen", zu „schonen" oder zu „beschützen. Vielmehr bleibt offen ob „konfrontative oder akzeptierende Strategien, Zuwarten oder Intervenieren, Ausbalancieren oder Gewichten, Neutralität oder Parteinahme angezeigt sind" (Eppenstein und Kiesel 2008: 173).

7 Zwischenfazit - Methodisches Vorgehen zur Unterstützung der Beziehungsarbeit

Zusammenfassend kann festgestellt werden, dass in der professionellen Beziehung zur*m Adressat*in wichtige Kompetenzen zu gelingender Kommunikation, Interaktion sowie Reflexion vermittelt werden können, welche in einer sich fortwährend schneller verändernden Gesellschaft auch vor dem Hintergrund möglicher Differenzen immer wichtiger werden (Gahleitner 2020: 12). Die Gestaltung der Arbeitsbeziehung durch die Fachkräfte kann dabei selbst eine Modell- und Vorbildfunktion für die Adressat*innen entfalten (Schäfter 2009: 41; Galuske 2013: 42–43). Der Nicht-Standardisierbarkeit der professionellen Arbeitsbeziehung kann der professionelle Habitus entgegengesetzt werden. Dieser setzt für die Fachkraft einen Spiel- und Interpretationsraum, in dessen Rahmen Arbeitsbeziehungen gestaltet werden können, um kreativ und flexibel auf wechselnde Anforderungen reagieren und im Sinne von Werkzeugen zur „Paradoxiebewältigung" mit den dargestellten Spannungsfeldern und Ambivalenzen angemessen umgehen zu können (Bourdieu 1993: 102–104; Ebert 2012: 81; Abeld 2017: 183). Dabei arbeiten Praktiker*innen der Hilfen zur Erziehung mit Menschen verschiedenster Wertvorstellungen und kultureller Bedeutungskomplexe zusammen. Eine Arbeitsbeziehung stellt deshalb immer auch einen Kulturkontakt dar und muss vor diesem Hintergrund kultursensibel gestaltet werden.

Für Fachkräfte stellt sich nun die Frage, wie sie mit Kultursensibilität als Haltung die Arbeitsbeziehungen – als Kulturkontakte – gesehen in der Praxis konkret gestalten können. Auch hier kann keine allgemeingültige Anleitung gegeben werden, vielmehr geht es um ein methodisches Vorgehen zur Unterstützung der Beziehungsarbeit. Eine Methode in der engen Auffassung nach Schilling (1993, zitiert in Galuske 2013: 29) wäre hierbei: „Methode ist das planmäßige Vorgehen zur Erreichung eines Ziels; der erfolgreiche Weg zum Ziel; eine erfolgreiche Art und Weise zu handeln. [...] Methoden sind erprobte, überlegte und übertragbare Vorgehensweisen zur Erledigung bestimmter Aufgaben und Zielvorgaben."

Galuske (2013: 29–30) konstatiert, dass diese Definition durch die ausschließliche Beantwortung der Fragen nach dem „Was", „Warum" und „Wie" sich dem Vorwurf der Sozialtechnologie aussetzt, da bei dieser Auffassung die Rahmenbedingungen, Abhängigkeiten und Bedingtheiten einer Methode außen vorgelassen werden würden. Der Autor stellt fest: „Auch wenn im Methodendiskurs die Frage nach dem ‚Wie' im Vordergrund steht, so können Fragen nach dem ‚Woher', dem ‚Wohin', dem ‚Warum' und dem ‚mit Wem' nicht ausgeklammert werden" (Galuske 2013: 33). Uhlendorff u.a. (2013: 160–161) kommen zum Schluss:

> „Zum einen sind Methoden nie völlig zielneutral. Das ‚Was' und das ‚Warum' ist also untrennbar mit dem ‚Wie' verbunden: Methoden sind ‚nach oben hin' in Konzepte eingebettet. Zum anderen erfordert die Komplexität des Gegenstandes Sozialer Arbeit, dass Methoden vielfältige Werkzeuge beinhalten, um fallangepasstes Arbeiten zu ermöglichen: In unserer Terminologie umfassen Methoden in der Sozialen Arbeit vielfältige Techniken. In der Sozialen Arbeit hat sich demzufolge ein weiteres Methodenverständnis durchgesetzt, bei dem [...] zwischen Konzepten, Methoden und Techniken (auch: Verfahren) unterschieden wird." (Uhlendorff, Euteneuer und Sabla 2013: 160–161)

Konzepte sind demnach Handlungsmodelle, in welchen Ziele, Inhalte, Methoden und Verfahren in einen Sinnzusammenhang gebracht werden. Methoden als Teilaspekte des Konzepts stellen die Umsetzung dessen auf Handlungsebene dar, also eine begründete Planung des Handelns zu einem kalkulierbaren Prozess der Hilfe. Techniken beschreiben ein weniger komplexes aber differenzierteres Vorgehen innerhalb einer Methode (Geißler und Hege 1900: 23-24,29; Galuske 2013: 30–32; Wendt 2017: 61). Galuske (2018: 994–995) zieht Resümee aus den Überlegungen eines weit gefassten Methoden-begriffs:

> „Methoden der Sozialen Arbeit thematisieren jene Aspekte im Rahmen sozialpäda-gogischer/sozialarbeiterischer Konzepte, die auf eine planvolle, nachvollziehbare und damit kontrollierte Gestaltung von Hilfeprozessen abzielen und daraufhin zu überprüfen sind, inwieweit sie [...] den gesellschaftlichen Rahmenbedingungen, den Interventionszielen, den Erfordernissen des Arbeitsfelds, der Institutionen, der Situation sowie - vorrangig - den beteiligten Personen gerecht werden" (Galuske 2018: 994–995)

Zur Unterstützung von kultursensibler Gestaltung von Arbeitsbeziehungen muss demnach eine Methode gefunden werden, die

- die gesellschaftlichen Rahmenbedingungen der Globalisierung und steigenden kulturellen Diversität aufgreift und sich an den festgestellten Bedarfen orientiert.
- die Interventionsziele an diesen Bedarfen ausrichtet.
- die Erfordernisse des Arbeitsfelds der Hilfen zur Erziehung und der institutionellen Rahmenbedingungen berücksichtigt.
- situativ anpassbar ist und nicht auf eine technokratische Standardisierbarkeit abzielt.
- die Familien als Adressat*innen in den Mittelpunkt stellt.

Im Folgenden soll nun Video-Home-Training (VHT) als Methode der Kinder- und Jugendhilfe vorgestellt werden und auf die geforderten Ansprüche hin überprüft werden. Im Zentrum steht dabei die Frage, inwiefern VHT die kultursensible Gestaltung von Arbeitsbeziehungen in den Hilfen zur Erziehung unterstützen kann und welche Möglichkeiten durch den Einsatz von Video als Medium bestehen.

8 VHT als Methode in den Hilfen zur Erziehung

Mitte der 70er Jahre im stationären Heimkontext in den Niederlanden entwickelt, verbreitete sich VHT zunächst regional, später durch die Stiftungen ORION und SPIN (Stichting Promotie Intensieve Thuisbehandeling Nederland) auch national und kam ab 1990 auch nach Deutschland (Dantas dos Santos und Brazorotto 2017: 2; Schepers und König 2000: 12–14). Die Methode gewann rasch an Bedeutung und findet heute sowohl in stationären als auch in ambulanten Arbeitskontexten der Hilfen zur Erziehung Anwendung (Balldin, Fisher und Wirtberg 2018: 1). Dabei kann VHT beispielsweise bei Erziehungsproblemen der Eltern, sozialen Entwicklungsproblemen des Kindes, psychosomatischen Beschwerden, bei der Integration von Adoptiv- und Pflegekindern oder auch bei Schulproblemen durchgeführt werden (Biemans 1994: 35–36). Schepers und König (2000: 15) ergänzen: *„VHT erfolgt auch in Multiproblem-Familien, in denen Erziehungsschwierigkeiten so massiv auftreten, dass für ein oder mehrere Kinder eine Fremdunterbringung droht."* Je nach Situation kann VHT alleine oder in Kombination mit anderen Maßnahmen und Hilfeleistungen angeboten werden.

8.1 Zielsetzung von VHT

> „Video-Home-Training ist eine **kurzzeitige, intensive** Form der Hilfestellung für **Familien**, die **zu Hause** stattfindet, wobei mit **Bildern** gearbeitet wird, die die **Kommunikation** innerhalb der Familien demonstrieren, um so die gesamten Familienfunktionen **positiv** zu beeinflussen." (Dekker 1999: 97)

VHT richtet den Fokus auf das System **Familie**, genauer auf das Eltern-Kind-Subsystem. Hier wird vor allem die Eltern-zum-Kind-Richtung der Interaktion fokussiert (Kennedy 2011: 22). Dies basiert nach Kreuzer (1999a: 375) auf der Grundannahme nach der sich Verhaltensauffälligkeiten von Kindern durch pädagogisch-psychologische Einflussnahme auf die Eltern abbauen bzw. verhindern lassen. Dahinter steht die Annahme, dass grundsätzlich, egal wie kompliziert die aktuelle Problemsituation erscheint, alle hilfesuchenden Eltern einen guten Kontakt zu ihren Kindern wünschen, wie auch umgekehrt (Dekker 1999: 98; Räder 1999a: 78; Kennedy 2011: 21). VHT findet deshalb **in intensiver Zusammenarbeit** mit den Eltern **bei der Familie zu Hause** statt, wobei die Sitzungen in **kurzen Abständen** und nur über einen **kurzen Zeitraum** (circa 6-9 Monate) stattfinden (Dekker 1999: 97–98). Die Interventionen basieren auf der Analyse von **Videoaufnahmen der Interaktion** zwischen Eltern und Kind, wobei der Fokus auf die **positiven, gelingenden Aspekte der Kommunikation** gelegt wird (Balldin, Fisher und Wirtberg 2018: 2).

Der oder die Trainer*in nimmt durch die Arbeit mit VHT **Einfluss** auf die Weise, wie Kommunikation in der Familie gestaltet wird, wobei Dantas dos Santos und Brazorotto (2017: 3) anmerken: „[It is important to emphasize that VHT] does not propose that professionals teach parents how to interact with their children, but rather how to learn from their own experience, leading them to reflection."

Schepers und König (2000: 17) fassen zusammen: „Das Ziel von VHT ist die (Wieder-) Aktivierung der individuellen Ressourcen im Sinne positiver Kapazitäten von Eltern und Kind. [...] Der positive Kontakt zwischen Bezugspersonen und Kind lässt positive Entwicklungen im Sinne einer gelungenen Erziehung und einer gesunden sozial-emotionalen Entwicklung von Eltern und Kind in Wechselseitigkeit zu. VHT kann den Eltern praktische und pädagogische Fertigkeiten vermitteln und die Fähigkeit zur Problemlösung entwickeln und aktivieren."

8.2   Gelingende Kommunikation und Interaktion als Kern von VHT

Die theoretische Basis von VHT bildet das Konzept des Kontaktrituals und die fünf Schritte der Basiskommunikation.

8.2.1   Das Kontaktritual

Watzlawicks (1967: 49) bereits 1967 aufgestelltes Axiom „one cannot *not* communicate" stellt für VHT eine zentrale These dar. So kann festgehalten werden, dass Menschen nicht nicht kommunizieren und sich somit auch nicht nicht verhalten können. Selbst eine Kommunikation ablehnende Handlung stellt eine Interaktion dar und beeinflusst das Gegenüber und den Kontakt. Eltern und Kind stehen somit in ununterbrochener Beeinflussung des jeweils anderen. Jede Botschaft beinhaltet dabei zwei Ebenen: Zum einen die rein inhaltliche, zum anderen den Beziehungsaspekt, quasi die Metakommunikation, welche den Inhalt beeinflusst. Während der Kommunikation wird demnach konstant Beziehung definiert und ausgehandelt. Kommunikation stellt im VHT deshalb den Schlüssel zur Beziehungsgestaltung dar (Schepers und König 2000: 66–69).

Schepers und König (2000: 63–64) identifizieren sechs essentielle Faktoren innerhalb eines Kommunikationsprozesses:

- Sender*in der Botschaft
- Die Botschaft selbst
- Der Kontakt
- Der Kontext (hilft Empfänger*in, die Botschaft einzuordnen und zu interpretieren)

- Der Code (muss zum Verstehen der Botschaft bei Sender*in und Empfänger*in übereinstimmen, bspw. Deutung von nonverbalen Signalen aber auch Sprache)

- Empfänger*in der Botschaft

Bei der Eltern-Kind-Interaktion erweist sich der Kontakt als zentral. Er verläuft immer gleich, über ein feststehendes wechselseitiges Ritual. In gelingenden Kontakten kann gute Beziehungsarbeit und auch Erziehung passieren (Schepers und König 2000: 63–64). Dabei existieren drei immer wiederkehrende Phasen des Rituals, welche für die Entwicklung des Kontaktrituals im VHT ausschlaggebend sind (vgl. Tab. 1):

- Kontakteröffnung durch einladende Kontaktsignale

- Aufrechterhaltung des Kontakts durch Austausch in einer festgelegten Reihenfolge

- Kontaktabschluss als Bestätigung der Bindung zwischen Eltern und Kind und als Anlass zur erneuter Kontaktaufnahme (Schepers und König 2000: 65–66)

Das Kontaktritual bildet die Grundstruktur jedes zwischenmenschlichen Kontaktes und beschreibt die Art, wie Menschen Kontakte aufnehmen und gestalten. Schepers und König (2000: 32,35) konstatieren, dass dieses Ritual angeboren ist, da schon kleinste Säuglinge nach den Abläufen des Schemas handeln, und stellen fest, dass dies Menschen aller Kulturen immanent und somit universal gültig ist. Auch Genkova (2012: 34) führt an, „dass die Grundmerkmale der menschlichen Natur für alle gleich sind (insbesondere ein Konstrukt von psychologischen Gegebenheiten)."

Ein gelingendes Kontaktritual und somit gelingende Interaktion können stattfinden, wenn die fünf Prinzipien der Basiskommunikation beachtet werden. Diese Schritte gelingender Kommunikation finden während des Rituals statt und können den einzelnen Phasen zugeordnet werden (vgl. Tab. 1) (Schepers und König 2000: 32,35).

Tab. 1: Zuordnung der Basiskommunikationsprinzipien in das Kontaktritual in Anlehnung an Schepers und König (2000: 39)

Kontaktritual	Prinzipien der Basiskommunikation
1. Kontakteröffnung	1. Initiativen folgen
	2. Empfang bestätigen
2. Aufrechterhalten: Kontrolle und Struktur	3. Zustimmend benennen
	4. Wechselseitiger Austausch, Abstimmung der Reihenfolge
3. Abschluss	5. Leiten und lenken

8.2.2 Die fünf Schritte der Basiskommunikation

Die fünf Prinzipien der Basiskommunikation stellen nach Räder (1999a: 78) das fachlich-inhaltliche Zentrum von VHT dar und tauchen in verschiedenen Varianten oder Modifikationen in der Fachliteratur auf. In Familien mit Erziehungsproblemen fehlen in der Kommunikation untereinander eine oder mehrere dieser Grundprinzipien. Nach Kreuzer (1999a: 380) „können [die Prinzipien] als Regeln verstanden werden, die VHT in der Familie verankern will. Sie gelten nicht für die Kinder, sondern für die Eltern." Dabei stellen die aufeinander aufbauenden Prinzipien eindeutige, leicht identifizierbare und beobachtbare Verhaltensregeln dar und geben deshalb wenig Anlass zu Missverständnissen und Fehlinterpretation (Kreuzer 1999a: 388). Im Folgenden sollen die einzelnen Prinzipien präzisiert werden.

Die Eltern folgen den Initiativen ihrer Kinder.

Schon kleine Säuglinge ergreifen die Initiative, um in Kontakt mit den Eltern zu treten. Sie verfügen dazu über ihrem Entwicklungsniveau entsprechende nonverbale wie verbale Kommunikationsmöglichkeiten, welche von den Eltern aufgenommen werden, sodass entsprechend reagiert werden kann. Dazu wenden sich die Eltern dem Kind zu und halten Blickkontakt.

Die Eltern bestätigen den Empfang der Initiativen

Eltern zeigen ihren Kindern, dass sie die Initiativen wahrgenommen haben und geben eine verbale oder nonverbale Rückmeldung.

Die Eltern benennen die Initiativen ihrer Kinder und ihre eigenen Initiativen

Die Eltern bauen die Interaktion zustimmend positiv auf. Das bedeutet sie benennen positiv das, was gerade geschieht und begleiten so die Aktivitäten des Kindes verbal und nonverbal. Dabei erklären sie auch ihre eigenen Aktivitäten in positiver Art und Weise.

Die Eltern sorgen für wechselseitigen Austausch und Abstimmung der Reihenfolge

Die Eltern achten aufmerksam darauf, dass im Gespräch nicht gleichzeitig gesprochen wird und jedes Familienmitglied an die Reihe kommt. So entsteht eine natürliche wechselseitige Reihenfolge im Gespräch und der Kontakt wird durch den Austausch aufrechterhalten.

Die Eltern übernehmen die Führung der Kommunikation, leiten und lenken

Eltern übernehmen die Leitung der Kommunikation. Sie geben der Interaktion Struktur, indem sie auf Initiativen achten, ihnen folgen, Dinge benennen und auf die Einhaltung der Gesprächsreihenfolge achten. Negative Dinge oder Handlungen dürfen benannt werden, wobei stets ein positiver Impuls folgen sollte. So entsteht eine Kooperation zwischen Eltern und Kind, da sich die Eltern auf das Kind abstimmen und seine Autonomie respektieren (Räder 1999a: 79; Schepers und König 2000: 36–37).

Werden die drei Phasen des Kontaktrituals unter den Aspekten gelingender Basiskommunikation durchlaufen wird nach Stroucken (1994: 12) von einer „Ja-Serie" gesprochen. Der Kontakt verläuft angenehm und ist durch eine erfolgreiche Interaktion gekennzeichnet. Verbale, wie nonverbale Signale sind positiv, interessiert und auffordernd. Stroucken (1994: 12) stellt fest, dass in „Ja-Serien" kommuniziert wird, als würde man stets „Ja" sagen. Es herrscht eine entspannte Atmosphäre, die Kinder zu neuen Initiativen und Kontakten einlädt. Eine „Ja-Serie" stellt für Heimbürger (1994: 10) den Beginn und die Basis eines positiven Beziehungsaufbaus dar. Ein nicht erfolgreicher Kontakt zeichnet sich nach Stroucken (1994: 12–13) durch eine „Nein-Serie" aus. Viele negative verbale wie nonverbale Signale werden verwendet, als würde stets „Nein" gesagt werden. Einer oder beide Gesprächspartner*innen zeigen kein Interesse, sind unaufmerksam, und der Kontakt bricht ab. Es kommt zu einem Verlust an Empathie und Gefühl für die Bedürfnisse des Gegenübers, und negative Emotionen nisten sich ein.

In diesem Interaktionsprozess von Eltern zu Kind spielt vor allem die Fähigkeit zur sensitiven Responsivität und die Intersubjektivität des Kontakts eine zentrale Rolle, nach der ein Elternteil in der Lage ist, die Signale des Kindes sensibel aufzunehmen, richtig zu deuten und dieser Bedeutung folgend angemessen zu reagieren. So nehmen beide Seiten an dem subjektiven Erleben des*r jeweils Anderen, teil und eine Einigkeit von Kind und Elternteil über den bestehenden Sachverhalt entsteht, wodurch ein wechselseitiger Interaktionsprozess beginnen kann (Schepers und König 2000: 59).

Dabei verfügen Eltern wie Kind über ein angeborenes intuitives Verhaltensrepertoire, um ohne nachzudenken angemessen auf die Initiativen des Gegenübers reagieren zu können (Schepers und König 2000: 60–62). Schepers und König (2000: 63) stellen fest, „dass ein Kind über angeborene Verhaltensmuster verfügt und damit in der Lage ist, mit der Umwelt aktiv in Kontakt zu treten. Parallel dazu ist der Mensch aufgrund eines angeborenen didaktischen Verhaltensprogramms schon sehr früh in seiner Ontogenese befähigt, auf die Signale des Kindes adäquat zu reagieren, um es in seiner (kommunikativen) Entwicklung aktiv zu unterstützen."

Diese Erkenntnisse spielen im VHT eine wichtige Rolle, um den Eltern ihre Bedeutung im Entwicklungsprozess und ihre Fähigkeit der intuitiven Kommunikation mit dem Kind bewusst zu machen (Schepers und König 2000: 82).

8.3   Vorgehen und Ablauf von VHT

Nach Schepers und König (2000: 30–31) besteht VHT aus vier Phasen. Nach einem Screening und einem ersten Aufnahmegespräch mit der Familie, erfolgen im Turnus von zwei Wochen abwechselnd Aufnahmen und Feedbacksitzungen mit der Familie. Circa sechs bis neun Monate nach Beginn kann ein Abschluss des Trainings erzielt werden (Schepers und König 2000: 30–31). Im Folgenden soll auf die vier Phasen näher eingegangen werden.

Bevor VHT als Methode eingesetzt werden kann, wird ein Screening der Familie und Problemsituation durchgeführt. Nach Schepers und König (2000: 16) ergeben sich dabei bestimmte Indikatoren für den erfolgreichen Einsatz von VHT. Vorausgesetzt wird zunächst die Teilnahme einer Familie oder eines anderen abzugrenzenden, primären Lebenssystems, das eine gewisse Beständigkeit aufweist. In der Regel wird VHT bei Familien mit Kindern bis 12 Jahre durchgeführt, da bis zu diesem Alter die Eltern die primären Bezugs- und Kommunikationspersonen der Kinder darstellen und noch keine oder nur wenig Orientierung außerhalb des Familiensystems stattfindet. Des Weiteren muss der Wunsch nach Besserung der Situation und Bereitschaft zu Veränderung erkennbar sein, da VHT als Methode auf die enge Zusammenarbeit mit den Eltern angewiesen ist.

Nach einem erfolgreichen Screening werden der Familie in einem Erstgespräch die Methode und ihre Möglichkeiten ausführlich und detailliert vorgestellt. Die Eltern bekommen im Gespräch die Gelegenheit, die Situation und die Problemlage darzustellen, welche der oder die Trainer*in anerkennt und ernst nimmt. So wird eine wertschätzende und annehmende Basis für eine weitere Zusammenarbeit gelegt. Zusammen mit den Eltern wird eine konkrete Hilfefrage als Wegweiser für das weitere Vorgehen formuliert und niedergeschrieben (Schepers und König 2000: 28).

Die erste Video-Aufnahme findet im Heim der Familie statt. Dazu wird eine fünf bis zehn minütige Alltagssituation der Familie gefilmt, in welcher die Eltern oder ein Elternteil im Kontakt mit dem Kind steht. Diese wurde zuvor zusammen mit den Eltern ausgesucht, um eine Überforderung zu vermeiden. Während der Aufnahme nimmt die oder der Trainer*in keinen Einfluss auf das Geschehen (Räder 1999a: 80–81; Dekker 1994: 55). Zum einen dient die Erstaufnahme dem oder der Trainer*in als Grundlage für eine Kapazitätenanalyse („Was kann die Familie schon gut?") und zur Erstellung von Arbeitshypothesen. Zum anderen stellt sie das Material für die erste Feedbacksitzung dar (Schepers und König 2000: 28). Nach Schepers und König (2000: 29) erstellt die oder der Trainer*in nun mit den Eltern zusammen einen VHT Plan (inklusive Problemdarstellung, Ziel, vorhandenen Ressourcen, vereinbartem Fokus, Zeitplan und erreichten Erfolgen), um die weitere Zusammenarbeit transparent zu gestalten und Orientierung zu geben.

Die oder der Trainer*in bereitet die Feedbacksitzung anhand einer Prä-Analyse des Videomaterials vor. Dabei wird die Aufnahme auf Bild- und Videosequenzen reduziert und zusammengeschnitten, welche gelingende Momente des Kontaktrituals und der Basiskommunikationsprinzipien zeigen (Biemans 1994: 37; Biemans und Hoogland 1994: 44).

In der Feedbacksitzung findet zunächst eine erneute Benennung der Hilfefrage und eine gemeinsame Fokusabstimmung mit den Eltern statt. Daraufhin erfolgt eine erste unkommentierte Vorführung des Materials und ein allgemeines Meinungs- und Einschätzungsbild der Eltern wird eingeholt. Anschließend wird eine mikroanalytische Bild-für-Bild-Zeitlupenanalyse des Materials durchgeführt, wobei durch Wiederholung, Standbild und Zeitlupe interaktiv gelingende Kontaktmomente veranschaulicht und fokussiert werden können. Der oder die Trainer*in benennt zustimmend, was von den Eltern gesehen und gehört wurde, und fördert so den Austausch über die Bilder und deren mögliche Bedeutung (Schepers und König 2000: 45-46,48; Heimbürger 1994: 9).

Nach Erreichen der vereinbarten Ziele und in Absprache mit den Eltern wird das VHT beendet. Die Aufnahmen verbleiben in der Familie und können so von den Eltern als Erinnerung und Auffrischung des Erfahrenen verwendet werden. Nach drei, sechs, zwölf und 24 Monaten erfolgt eine erneute Kontaktaufnahme seitens der oder des Trainer*in, um über die aktuelle Situation und ein eventuell erneutes Training zu sprechen (Kennedy 2011: 22).

9 Empirischer Teil: VHT zur Unterstützung von kultursensibler Gestaltung von Arbeitsbeziehungen

Es stellt sich deshalb die Frage, inwiefern VHT die kultursensible Gestaltung von Arbeitsbeziehungen unterstützt und dabei

- die gesellschaftlichen Rahmenbedingungen der Globalisierung und steigenden kulturellen Diversität aufgreift und sich an den festgestellten Bedarfen orientiert.
- die Interventionsziele an diesen Bedarfen ausrichtet.
- die Erfordernisse des Arbeitsfelds der Hilfen zur Erziehung und der institutionellen Rahmenbedingungen berücksichtigt.
- situativ anpassbar ist und nicht auf eine technokratische Standardisierbarkeit abzielt.
- die Familien als Adressat*innen in den Mittelpunkt stellt.

Im Folgenden soll die Methode auf die geforderten Ansprüche hin überprüft und abschließend diskutiert werden.

9.1 Methodische Herangehensweise

Die Forschungsfrage wird dabei sowohl auf der Grundlage des empirischen Materials als auch auf Basis von Literatur beantwortet werden. Hierfür sollen zunächst die Ergebnisse der durchgeführten problemorientierten Gruppendiskussion dargestellt werden Dabei ist es interessant zu erfahren vor welchem Kulturverständnis die Gruppe diskutiert und inwiefern die Gruppe sensibel ist für kulturelle Momente in den Arbeitsbeziehungen zu ihren Adressat*innen. Vor diesem Hintergrund evaluiert die Gruppe den Einsatz von VHT in ihrer Praxis. Die daraus sich ergeben Aspekte sollen durch Fachliteratur ergänzt werden, um anschließend die umfassende Beantwortung der Forschungsfrage zu ermöglichen.

9.1.1 Forschungsgegenstand

Gegenstand der Forschungsarbeit bildet das im Herbst 2019 unter Leitung von Arndt Montag gestartete internationale Kooperations- und Weiterbildungsprojekt „VHT International" der Stiftung Jugendhilfe fobi aktiv in Esslingen am Neckar und der Jugendhilfeeinrichtung Neve Hanna in Kiryat Gat, Israel. Das gemeinsam entwickelte interkulturelle Weiterbildungs- und Austauschprojekt bietet zwanzig deutschen und israelischen Fachkräften der Kinder- und Jugendhilfe die Möglichkeit, sich mit Expertinnen und Experten aus beiden Ländern zu Themen der Identität und Koexistenz in einer vielfältigen Gesellschaft auseinanderzusetzen, sich über Expertise und Methoden für eine diversitätsbewusste Pädagogik auszutauschen sowie das Leben in Vielfalt „praktisch" in beiden Ländern zu erleben. Neben dem Austausch und der Diskussion haben die Teilnehmenden die Möglichkeit, VHT als neue und innovative Methode der Kinder- und Jugendhilfe kennenzulernen und eine Weiterbildung zur VHT-Trainerin und zum VHT-Trainer zu absolvieren. In beiden Austauschprogrammen in Deutschland sowie Israel werden ausgewählte, sich ergänzende Themenschwerpunkte zu den Berührungspunkten von Kultur und Kinder- und Jugendhilfe bearbeitet. Inhaltliche Schwerpunkte liegen dabei in der Herausbildung eines kultursensiblen Habitus und im Erfahrungsaustausch über die Herausforderungen, vor denen Fachkräfte in der Organisation ihrer Arbeit in beiden Ländern stehen.

Die Ausbildungsgruppe bietet sich dabei explizit als Forschungsgegenstand in Bezug auf die Forschungsfragen an, da alle Fachkräfte in Arbeitsfeldern der Kinder- und Jugendhilfe tätig sind und durch die Ausbildung bereits erste Praxiserfahrung im Einsatz von VHT in Familien besitzen (mind. eine supervidierte Rückschau einer selbst gedrehten Aufnahme aus der Praxis). Alle Teilnehmenden haben dadurch einen klaren persönlichen und beruflichen Bezug zur Fragestellung wie von Kühn und Koschel (2018: 274) empfohlen. Die Tatsache, dass sich die Fachkräfte noch in der Ausbildung befinden und VHT erst seit kurzem in ihren Familien eingeführt haben, wird dabei als Vorteil gesehen. So kann angenommen werden, dass Erfahrungen zu möglichen Veränderungen durch den Einsatz von VHT eindrücklich erlebt werden und noch sehr präsent sind. Im Gegensatz dazu wurden aber auch die zwei Ausbilder der Gruppe in die Forschung miteinbezogen, um hier auf eine langjährige Erfahrung mit VHT zurückgreifen zu können. Des Weiteren kann durch die besuchten Seminare zu den Berührungspunkten von Kultur und Kinder- und Jugendhilfe von einer erhöhten Reflexionsfähigkeit und Sensibilität der Fachkräfte gegenüber den damit zusammenhängenden Themenfeldern in der eigenen Praxis ausgegangen werden. Nach Kühn und Koschel (2018: 274) wurde das Verhältnis von Homogenität und Heterogenität der Auswahlkriterien für die Teilnehmenden für die Fragestellung passend bestimmt. In Bezug auf das Arbeitsfeld, die Praxis mit VHT und eine gemeinsame Wissensbasis in Bezug auf Kultur wurde auf Homogenität als Voraussetzung geachtet. Die Teilnehmendengruppe besteht demnach aus einer sogenannten Realgruppe, das heißt diese Personen interagieren realiter regelmäßig miteinander, in diesem Fall in einem beruflichen Kontext. „So soll garantiert werden, dass eine selbstläufige Debatte ausgetragen wird, zum anderen ist die gewählte Realgruppe der Garant für den gemeinsamen Erfahrungsraum der Teilnehmenden" (Schaffer und Schaffer 2020: 250). Der „konjunktive Erfahrungsraum" der Gruppe, das heißt die geteilte Berufspraxis und die in diesem gemachten Erfahrungen, ermöglichen ein gegenseitiges Verständnis von Äußerungen oder Handlungen (Bohnsack 2021: 112). Bezüglich des Umfangs der Berufserfahrung und der Erfahrung mit der Methode und die sich daraus möglicherweise ergebende Unterschiedlichkeit der Beiträge zur Fragestellung, wurde auf Heterogenität Wert gelegt.

An dieser Stelle sei darauf hingewiesen, dass sich der Forschungsgegenstand im Zuge der Auswirkungen der Covid-19 Pandemie auf die Ausbildungsgruppe deutscher Fachkräfte beschränken musste, wodurch insgesamt 13 Personen teilnehmen konnten. Hierauf soll im nächsten Punkt näher eingegangen werden.

9.1.2 Eintritt ins Feld und Datengenerierung

Nach der Eingrenzung des Forschungsgegenstands standen Überlegungen zur Herangehensweise hinsichtlich der Erhebung der benötigten Daten im Fokus der weiteren Planung.

Zunächst war es wichtig Kontakt zur Ausbildungsgruppe in Israel und Deutschland herzustellen. Während eines Besuchs der Einrichtung in Israel im Oktober 2019 konnte so ein Kennenlernen der Fachkräfte vor Ort initiiert werden und das Projekt sowie das Forschungsvorhaben bei einem gemeinsamen Auftaktworkshop vorgestellt werden.

Zu diesem Zeitpunkt stand die Beantwortung der letzten Forschungsfrage, welche Bedeutung der kulturelle Hintergrund der Fachkräfte für den Einsatz von VHT hat im Vordergrund. Es wurde aufgrund der bis dahin geschehenen Literaturrecherche die Hypothese aufgestellt, dass dieser eine tragende Rolle spielen könnte. So wurde auf Grundlage der Kulturdimensionen nach Hofsteede (2011) ein Interviewleitfaden entwickelt, um den kulturellen Kontext der Fachkräfte in Expert*inneninterviews möglichst genau zu erfassen. Zwei Expert*inneninterviews konnten direkt in Israel vor Ort durchgeführt werden. Im Rahmen der Aufarbeitung weiterer Fach- und Forschungsliteratur zeigte sich jedoch das veraltete und für die Soziale Arbeit unpassende normative und totalitätsorientierte Kulturverständnis, dass Hofsteedes Theorie der Kulturdimensionen zugrunde liegt und das versucht, Personen anhand bestimmter Ausprägungen innerhalb der Kulturdimensionen zu kategorisieren (Nünning 2009: 1). Weshalb dieses Verständnis für die Soziale Arbeit nicht gewinnbringend ist, wird in Kapitel 2.4 näher erklärt. Des Weiteren wurde erkannt, dass der Versuch eine komplexe Kategorie wie Kultur durch eine Forschungsstrategie, die auf eine einzige Methode der Datengenerierung setzt, insbesondere im fremdkulturellen Kontext der Gefahr des Reduktionismus ausgesetzt ist. Die Annahme, allein Interviews würden die Forscherin in die Lage versetzen, alle relevante Dimensionen einer Kultur zu erfassen, wurde widerlegt.

> „Forschung in fremden Kulturen ist auf eine komplexe Strategie angewiesen, welche die Berücksichtigung unterschiedlicher Informationsquellen und Datensorten auf den Plan ruft. Neben der Rekonstruktion von Sinnkonstrukten Handelnder gehören hierzu auch soziostrukturelle Daten, sowie ethnographisches und geschichtliches Wissen über das erforschte Milieu bzw. die erforschte Gruppe." (Cappai 2008: 21–22)

Auch konnte durch Literaturarbeit herausgearbeitet werden, dass der kulturelle Hintergrund einer Fachkraft, sprich deren kulturell geprägten Bedeutungskomplexe, durchaus als Person in die Arbeitsbeziehung und damit auch beim Einsatz von VHT eingebracht werden, diese jedoch durch den professionellen Habitus reflektiert und entsprechend eingeordnet werden können, wodurch deren Bedeutung und Einfluss nach Bedarf geringgehalten werden kann. Die Forschungsfrage konnte demnach anhand der Literaturrecherche beantwortet werden, weshalb eine empirische Aufarbeitung nicht weiterverfolgt wurde.

Die Durchführung der Expert*inneninterviews kann dennoch als Gewinn für den weiteren Forschungsverlauf eingeordnet werden:

- Der Eintritt in das Forschungsfeld kann Reaktionen auf Seiten der Feldmitglieder auslösen (Lettau und Breuer 2007: 20). Durch die Beschäftigung mit eigenen biografischen Stationen und kulturellen Bedeutungskomplexen wurden erste Reflexionsprozesse bei den Fachkräften angestoßen und es konnte Interesse am Projekt und der Ausbildung geweckt werden.

- „Bei alltags- bzw. lebensweltlichen Fragestellungen […] gibt es schon vor Beginn der wissenschaftlichen Auseinandersetzung mit dem Thema forscherseitig gewisse Erfahrungen, (Vor-) Urteile, Konzeptionen, Werthaltungen, Ängste, Tabuisierungen etc. in Bezug auf diesen Bereich (»Präkonzepte«)" (Lettau und Breuer 2007: 16). Durch den Erstkontakt über die Durchführung der Expert*inneninterviews konnten diese auf Seiten der Forscherin reflektiert werden und führten in Zusammenspiel mit weiterer Literaturrecherche zu einer Anpassung des Forschungsdesigns und einer gesteigerten Sensibilität in Bezug auf mögliche Kulturalisierungstendenzen im Forschungsverlauf.

- Darüber hinaus war es möglich, erste relevante Themenfelder und Kategorien hinsichtlich der Entwicklung und Auswertung des Erhebungsinstruments der Gruppendiskussion zu bilden.

Im Zuge der Ergebnisdarstellung können die Interviews dazu beitragen, die Relevanz des Themas zu unterstreichen, da gut gezeigt werden kann, welche Rolle Kultur in der täglichen Arbeit der Fachkräfte in beiden Ländern spielt (vgl. Kapitel 1).

Durch die weltweiten Auswirkungen der COVID-19-Pandemie musste das Projekt VHT International kurzzeitig pausieren, wobei die Ausbildungsgruppe aus Deutschland ihre Fortbildung als VHT-Trainer*innen weiter online durchführen konnte. So ergab sich eine große Diskrepanz bezüglich des Ausbildungsfortschritts der israelischen bzw. deutschen Gruppe. Darüber hinaus war es aus organisatorischen Gründen nicht möglich, die Fachkräfte aus Israel am ausbildungsintegrierten Seminar zu den Berührungspunkten von Kultur und Kinder- und Jugendhilfe teilnehmen zu lassen. Aus diesem Grund wurde entschieden die geplante Gruppendiskussion nur mit der Ausbildungsgruppe aus Israel und den Ausbildern durchzuführen, da nur diese die Anforderungen für den Forschungsgegenstand erfüllten (ausreichend Praxiserfahrung mit VHT durch mindestens eine supervidierte Rückschau einer selbst gedrehten Aufnahme aus der Praxis, Fachkräfte der Kinder- und Jugendhilfe).

Die Gruppendiskussion konnte im September 2020 in den Räumen der Stiftung Jugendhilfe Aktiv durchgeführt werden. Sie wurde bewusst an einem für die Gruppe vertrauten Platz durchgeführt, um Unannehmlichkeiten und einen möglichen negativen Einfluss durch eine ungewohnte Umgebung auf die Forschungsteilnehmer*innen zu vermeiden (Lamnek und Krell 2016: 337).

Die Datenerhebung wurde dabei an ein ausbildungsintegriertes Ganztagsseminar zu den Berührungspunkten von Kultur und Kinder- und Jugendhilfe angegliedert. Durch eigene Teilnahme am Seminar konnte die Forscherin die Ausbildungsgruppe näher kennenlernen und eine wohlwollende Vertrauensbasis als Voraussetzung für die Reflexion von ggf. sensiblen Themenbereichen in der Gruppendiskussion aufbauen. Des Weiteren konnte durch das Seminar eine gewisse Grundkenntnis über Kultur(theorien) und deren Bezugspunkte zur Kinder- und Jugendhilfe bei den Fachkräften vorausgesetzt werden, welche als hilfreich zur anschließenden Teilnahme an der Gruppendiskussion angesehen wird.

Vor Beginn der Interviews wurden die Teilnehmenden über den Ablauf informiert und deren Einverständnis sowie eine Datenschutzerklärung schriftlich eingeholt. Die Forschungsgruppe wurde über die audiographische Dokumentation, die Anonymisierung der befragten Personen und die Verarbeitung bzw. Veröffentlichung erhobener Daten im Rahmen der Masterarbeit in Kenntnis gesetzt. Nach dem Einverständnis der Befragten wurden die Interviews aufgezeichnet und im Anschluss transkribiert und ausgewertet. Die Audioaufnahme ist zum einen notwendig, dass die*der Interviewer*in sich vollständig auf das Gespräch konzentrieren kann, ohne nebenher Notizen anfertigen zu müssen, und zum anderen, dass im Anschluss eine unverfälschte Wiedergabe der gesprochenen Inhalte ohne Informationsverluste oder -veränderungen gewährleistet werden kann (Kuckartz und Rädiker 2019: 448; Kuckartz u.a. 2008: 26).

9.1.3 Forschungsethik und Gütekriterien der Forschung

Während des gesamten Forschungsprozesses wurden forschungsethische Grundsätze in Anlehnung an den Ethik-Kodex der Deutschen Gesellschaft für Soziologie (DGS) und des Berufsverbands Deutscher Soziologen (BDS) (2017) beachtet. Die für die Forschung relevanten Richtlinien umfassen dabei:

- Die allgemeine Verpflichtung zu bestmöglichen Standards in der Forschung.

- Einzelheiten der Theorien, Methoden und des Forschungsdesigns, die für die Einschätzung der Forschungsergebnisse und der Grenzen ihrer Gültigkeit wichtig sind, werden nach bestem Wissen mitgeteilt.

- Bei der Verschriftlichung der Forschungsergebnisse werden die Resultate ohne verfälschende Auslassung von wichtigen Ergebnissen dargestellt.

- Die Freiwilligkeit zur Teilnahme und möglichst ausführliche Information über Ziele und Methoden des entsprechenden Forschungsvorhabens bei den Teilnehmenden muss gewährleistet werden. Dies geschieht bspw. durch die Besprechung und Unterzeichnung des ausgehändigten Informationsblattes zum Forschungsvorhaben inklusive der Einverständniserklärung zur Teilnahme am Forschungsprojekt und der Datenschutzerklärung.

- Forschende tragen soziale Verantwortung und können unter Umständen durch ihre Empfehlungen und Aussagen das Leben der Forschungsteilnehmer*innen oder anderer Mitmenschen beeinflussen. Sie sollen sich der Situation bewusst sein und geeignete Maßnahmen ergreifen, um sicherzustellen, dass aus der Forschung resultierende nachteilige Auswirkungen vermieden werden. Dazu gehört auch, dass die Persönlichkeitsrechte der Befragten und der Schutz der Sozialdaten entsprechend den gesetzlichen Bestimmungen gewahrt werden müssen. Aus diesem Grund werden die Forschungsergebnisse nur in anonymisierter Form dargestellt und keine zusammenhängende Interviewtranskription veröffentlicht (DGS und BDS 2017).

Zusätzlich ergeben sich für die Forschung mit „kulturell relevanten" Fragestellungen und im (fremd-)kulturellen Kontext weitere Bestimmungen für empirische Forschung. Zum einen ist dies die konsequente Orientierung an den Geschichten und Selbstbeschreibungen der Befragten, was eine normative Kategorisierung durch natio-ethno-kulturelle Zuschreibungsprozesse und die Gefahr der Kulturalisierung durch ihre Verwendung als einziges Deutungsmuster verhindern soll (Cappai 2008: 14–15). Zum anderen ist dies aber auch das Bewusstsein für die Unvermeidbarkeit der Re-Produktion von Differenzkategorien im Forschungsprozess. Daraus ergibt sich ein erhöhter Bedarf an Reflexion des eigenen Standpunktes und eine Klärung der verwendeten ethischen Grundsätze in der Forschung, wie umfassend dargestellt zu Beginn des Kapitels (Söyler, Reimer und Kloha 2015: 187–188; Brandmaier 2015: 131).

Des Weiteren orientiert sich die vorliegende Arbeit an den Gütekriterien für qualitative Sozialforschung nach Kuckartz (2018: 203). Kuckartz unterscheidet zwischen interner Studiengüte, welche Reliabilität und Validität betrifft, und externer Studiengüte, welche Fragen von Übertragbarkeit und Verallgemeinerbarkeit umfasst. „Da für qualitative Forschungsdesigns die Übertragbarkeit und die Verallgemeinerbarkeit der Ergebnisse [durch nichtzufallsgenerierbarer und überschaubarer Stichprobengrößen] naturgemäß begrenzt ist, fällt der internen Güte der Daten besondere Bedeutsamkeit zu" (Abeld 2017: 34).

Die folgenden Punkte gewährleisten die interne Studiengüte:

- Die Daten wurden audiographisch aufgezeichnet, um eine unverfälschte Wiedergabe der gesprochenen Inhalte ohne Informationsverluste oder -veränderungen zu gewährleisten.

- Die Daten wurden mit Hilfe von Transkriptionsregeln einheitlich und vollständig von der Forscherin selbst transkribiert.

- Die verwendeten Methoden wurden korrekt angewandt.
- Die Begründung der Methodenwahl wird offengelegt.
- Der gesamte Forschungs- und Reflexionsprozess wird offengelegt.

Folgende Punkte wurden zur Erhöhung der externen Güte der Forschung beachtet:

- Es wurde ein besonderer Wert auf eine transparente Beschreibung der Verfahren und Methoden im Forschungsprozess gelegt, um einen Vergleich und eventuelle Übertragbarkeit der Forschung auf ähnliche Felder oder Forschungsgegenstände zu ermöglichen.

- Aussagen, welche sich besonders kontrastieren, werden ausführlich dargestellt, um ein möglichst differenziertes Bild des bearbeiteten Themenbereichs zu zeichnen.

9.1.4 Forschungsmethode

Als Forschungsmethoden wurden das teilnarrative Leitfadeninterview und die problemzentrierte Gruppendiskussion gewählt. Im Folgenden soll zunächst knapp das teilnarrative Leitfadeninterview näher erläutert werden und anschließend der Hauptfokus auf die problemzentrierte Gruppendiskussion als Methode der qualitativen Sozialforschung gelegt werden.

Das teilnarrative Leitfadeninterview

Als Leitfadeninterviews werden Interviews bezeichnet, für die Fragen oder Stichworte dafür zur Strukturierung des Gesprächsverlaufs und zur Handhabung von dialogischen Interaktionen für bestimmte Phasen des Interviews festgehalten werden (Helfferich 2011: 36). Der Leitfaden stellt nach Helfferich (2019: 670) eine „vorab und systematisch angewandte Vorgabe zur Gestaltung des Interviewablaufs" dar. Hierbei kann die Formulierung und Reihenfolge der Fragen in unterschiedlichem Maß flexibel vorgegeben sein.

Der Leitfaden sollte an die Alltagssprache der Zielgruppe angepasst werden und vornehmlich auf offenen Fragen beruhen, um die Erzählungen der Befragten anzuregen (Kühn und Koschel 2018: 117, 121). Im Sinne von „weniger ist mehr" sollen nicht zu viele Fragen gestellt, diese jedoch handhabbar und übersichtlich dargestellt werden. Die Reihenfolge der Frage sollte sich an einem logischen Aufbau und natürlichen Argumentationsfluss orientieren. Ziel ist es eine „offene Strukturiertheit" des Interviewleitfadens zu erlangen. Das bedeutet, dass der Leitfaden einerseits Struktur und einen roten Faden bereitstellen soll, andererseits darf er nicht dazu verführen, angebotene Informationen oder Themen, die über den im Leitfaden abgesteckten Rahmen hinausreichen, abzublocken oder zu übergehen. „Priorität hat die spontan produzierte Erzählung – allein dies schon macht klar, dass ein guter Leitfaden nicht viele Fragen enthalten darf" (Helfferich 2011: 180).

Der Interviewleitfaden für die teilnarrativen Leitfadeninterviews wurde anhand der Methode SPSS nach Helfferich (2011: 182–185) erstellt. SPSS steht dabei für die vier Schritte der Erstellung des Leitfadens: „Sammeln", „Prüfen", „Sortieren" und „Subsumieren". Bei diesem Vorgehen werden zunächst möglichst viele Fragen gesammelt und schriftlich festgehalten, die mit dem Forschungsinteresse in Verbindung stehen. Durch das offene Brainstorming kann ein breites Feld an zusammenhängenden Themen abgesteckt werden, um im Anschluss das eigentliche Erkenntnisinteresse des Interviews zu spezifizieren. Im Schritt des Prüfens werden alle Fragen auf Formulierung und Erkenntnisgewinn zum Thema hin überprüft. Der Fragekatalog wird hierbei stark reduziert, wobei bspw. Fragen gestrichen werden, welche lediglich zur Bestätigung des bereits bestehenden Vorwissens dienen. Zudem muss geprüft werden, ob in der Fragestellung implizit oder explizit eine gewisse Erwartungshaltung in Bezug auf die Beantwortung der Frage transportiert wird (Suggestivfragen). Beim Sortieren werden die übrigen Fragen nach Themen sortiert. Zuletzt werden die subsummierten Fragen zusammengefasst und auf wenige Erzählaufforderungen reduziert, welchen wiederum mehrere Einzelaspekte untergeordnet werden können. Aufrechterhaltungs- und Steuerungsfragen können notiert werden, um auf diese bei kurzen Erzählpassagen zurückgreifen zu können (Helfferich 2011: 182–185). Abschließend wird der Leitfaden vor dem Interview noch einem „Realitätscheck" unterzogen. Der Leitfaden der teilnarrativen Leitfadeninterviews wurde aufgrund der fremden Sprache von einer Muttersprachlerin gesichtet und korrigiert (Engelfried, Ostrowski und Schäffler 2020: 32). Es kann sonst vorkommen, dass Fragen für die*den Gesprächspartner*in nicht verständlich formuliert worden sind und diese ggf. nicht verstanden werden und die intendierten Informationen nicht generiert werden können (Kaiser 2014: 69).

Bei einem teilnarrativen Leitfadeninterview wird im Leitfaden darauf geachtet, neben am Problem orientierten Fragen immer wieder narrative Teilerzählungen zu generieren (Helfferich 2011: 179). Der Impuls der narrativen Interviewanteile besteht in der Aufforderung an die*den Befragten, frei und spontan etwas zu einem bestimmten Thema zu erzählen, wobei der erzählenden Person das monologische Rederecht sowie die Strukturierung und die Auswahl der angesprochenen Einzelheiten überlassen wird. Oft sind narrative Interviews auch gleichzeitig biografische Interviews, da sich die Biografie eines Menschen gut als spontanes Narrativ anbietet (Schaffer und Schaffer 2020: 245). Die eher problemzentrierten Anteile des Interviews konzentrieren sich auf bestimmte Problemstellungen, die anhand von über vorgängige Kenntnisnahme formulierte Fragen und Nachfragen durch die*den Interviewer*in eingeführt werden (Schaffer und Schaffer 2020: 247–248; Kotthaus 2020: 11). Die vorgestellte Variante des teilnarrativen Leitfadeninterviews stellt eine Mischform verschiedener Interviewformen dar und kann als biografisches, teilnarratives Leitfadeninterview mit problemzentrierten Anteilen bezeichnet werden (Helfferich 2011: 36–37).

Helfferich (2011: 16) konstatiert in der Praxis eine Zunahme von Mischformen verschiedener Interviewformen und verweist auf die Vorteile einer „Modifikation von narrativen Interviews mit einer stärkeren Nachfrageorientierung". So kann durch einen gering strukturierten Leitfaden über sehr wenige erzählgenerierende Aufforderungen einerseits die offene Grundhaltung der Interviewenden erhalten bleiben (Helfferich 2011: 16). Andererseits können durch eine gewisse problemzentrierte Strukturierung ganz gezielt subjektive Konzepte, Theorien, Deutungsmuster, Orientierungen und Positionierungen zu einem Thema erhoben werden. Anschließende Interpretationen des Interviews „lassen sich auch an kleineren Textsegmenten festmachen, die durchaus auf Vorgaben von Interviewenden hin produziert werden können, sofern die Offenheit gewahrt wird und der Leitfaden angemessen gestaltet ist und angemessen gehandhabt wird" (Helfferich 2011: 38–39).

In der Sozialarbeitsforschung werden unterschiedliche Anliegen und Ziele mit dem Einsatz (teil-)narrativer Interviews verfolgt. Bspw. können unterschiedliche Kulturen, Lebens- und Weltauffassungen erschlossen werden, was zu einer Sensibilisierung für „das Unbekannte" beiträgt. Der narrative, biografische Anteil bezieht sich in der Regel auf „retrospektive lebensgeschichtliche Erzählungen von einem Jetzt-Zeitpunkt aus. Um dagegen eine aktuelle Handlungsorientierung zu untersuchen, wird eher der [...] Interviewtypus des problemzentrierten Interviews gewählt" (Schaffer und Schaffer 2020: 246–247).

Die problemzentrierte Gruppendiskussion

Zur Beantwortung der Forschungsfrage wurde die problemzentrierte Gruppendiskussion gewählt.

> „Gruppendiskussionen sind hervorragend dafür geeignet, komplexe Einstellungs-, Wahrnehmungs-, Gefühls-, Bedürfnis-, Orientierungs- und Motivationsgeflechte von Menschen und Gruppen aus bestimmten sozialen Kontexten zu explorieren. Sie können außerdem zur Evaluation und Optimierung der Entwürfe von Angeboten, Produkten, Dienstleistungen, Thesen etc. verwendet werden. Aufgrund der Stimulierung kreativen Ausdrucks der Teilnehmer dienen Gruppendiskussionen außerdem der Ideen- und Konzeptentwicklung." (Kühn und Koschel 2018: 22)

Die Stärke der Methode liegt darin, dass der Fokus auf die Kommunikation und Diskussion zwischen den Teilnehmenden gelegt wird, was einer künstlichen Frage-Antwort-Situation entgegenwirkt und eine alltagsnahe Begegnung schafft. Durch eine offene, vertrauensvolle Atmosphäre können im Gespräch zunehmend Hemmungen, Ängste und Widerstände reduziert werden. Die gemeinsame Bearbeitung des Themas, der starke Bezug zu eigenen, persönlichen Erfahrungen und das Nachvollziehen von Erfahrungen und Positionen anderer, ermöglicht eine Vertiefung der thematischen Bezüge im Gesprächsverlauf (Kühn und Koschel 2018: 24).

„In diesem Verständnis geht es nicht darum, einfach Meinungen abzufragen, sondern durch die Moderation einen besonderen Raum zu schaffen, der im Kontext von Gruppen die vertiefte Reflexion eigener Erfahrungen sowie das Erkennen und Benennen von Zusammenhängen anregt. Moderierende sind keine Fremdkörper im Raum und sollten nicht vom Bemühen um Unsichtbarkeit getrieben sein, sondern ihr Vorwissen, ihr Verstehen und Fühlen während des Diskussionsprozesses in angemessener Art und Weise nutzen, um eine anregende und gewinnbringende Dynamik zu fördern." (Kühn und Koschel 2018: VIII)

Kühn und Koschel (2018: 16) verweisen darauf, dass es kein allgemein gültiges „Rezept" für das Design und auch die Auswertung von Gruppendiskussionen gibt. So soll im Folgenden die problemzentrierte Gruppendiskussion näher erläutert werden, wie sie in dieser Forschungsarbeit konzipiert wurde. Sie zeichnet sich durch eine klare Zielsetzung und ein durchdachtes Vorgehen aus (Kühn und Koschel 2018: 17). Von „problemzentriert" wird deshalb gesprochen, um zu betonen, dass die Gruppendiskussion sich an einer im Voraus abgesteckten, gesellschaftlich relevanten Fragestellung orientiert (Kühn und Koschel 2018: 95). Dies beeinflusst die Art und Weise, wie der Leitfaden konstruiert wurde und wie im Diskussionsverlauf mit den Parametern Offenheit, Struktur und Vorwissen von Seiten der Moderierenden umgegangen wird (Kühn und Koschel 2018: 92).

Rahmen für die problemzentrierte Gruppendiskussion bildet auch hier ein Leitfaden, der nach den bereits vorgestellten SPSS-Prinzipien erstellt wird. Durch den Leitfaden wird sichergestellt, dass im Vorfeld als wichtig erachtete Themen und Fragestellungen während der Gruppendiskussion berücksichtigt werden. Dennoch bleibt Gestaltungsspielraum für vertiefende Nachfragen oder Wendungen im Gesprächsverlauf erhalten. Nach Lamnek und Krell (2016: 319) darf der Leitfaden weder der moderierenden Person noch den Teilnehmenden ein „Korsett" auferlegen.

Im Rahmen problemzentrierter Befragungen fließt die Recherche und das Vorwissen der*des Forschenden in die Entwicklung des Leitfadens mit ein und stellt somit eine Ressource dar, auf die im Diskussionsverlauf zurückgegriffen werden kann. Der Leitfaden wird spiegelt eigene Reflexionsprozesse und Vorwissen der*des Forschenden wieder und wird dementsprechend prozessorientiert formuliert. Dies ermöglicht der*dem Moderator*in, Problemstellungen in der Diskussion weiter zuzuspitzen und den Befragten die eigenen Überlegungen in geeigneter Form widerzuspiegeln, sodass diese ihre eigene Sichtweise noch stärker auf den Punkt bringen können (Kühn und Koschel 2018: 95–96). Der Leitfaden wurde vor der Gruppendiskussion zur Optimierung einem Pretest mit einer Sozialarbeiterin unterzogen, die sich bisher nicht näher mit dem Thema Kultur auseinandergesetzt hatte und so einen „fachfremden" Blick auf mögliche unverständliche Fragestellungen mitbrachte (Engelfried, Ostrowski und Schäffler 2020: 32).

Die Gruppendiskussion wird dann von der*dem Moderator*in gestartet, indem ein bewusst gesetzter Grundreiz, meist in Form eines pointierten oder provokanten Statements zu einem bestimmten Thema, an die Gruppe zur Diskussion gerichtet wird (Schaffer und Schaffer 2020: 250–251). Der in der durchgeführten Gruppendiskussion verwendete Impuls wurde im thematischen Anschluss an das besuchte Seminar zu den Berührungspunkten von Kultur und Kinder- und Jugendhilfe gesetzt, und die Teilnehmenden wurden gebeten, sich zu der Aussage zu begründet zu positionieren: „Die Kultur eines Menschen entwickelt sich in der Kindheit. Er wird in sie hineingeboren und erlernt diese in den ersten Lebensjahren."

Durch das Statement wurden im Seminar angesprochene Themen aufgegriffen, wodurch es für alle Befragte möglich war, sich zum Statement zu äußern. Für den anschließenden Hauptteil wurden zwei verschiedene Themenblöcke vorbereitet: Zum einen ein Themenblock zur Verflechtung von Kultur und der Gestaltung von Arbeitsbeziehungen in der eigenen Praxis, zum anderen wurden Erfahrungen mit VHT in der Gestaltung von Arbeitsbeziehungen diskutiert. Alle Themen wurden zunächst offen angegangen und im Verlauf der Diskussion zunehmend konkretisiert und zugespitzt. Im Sinne eines problemzentrierten Vorgehens wurde den Teilnehmenden nach jedem Themenblock in eigenen Worten gespiegelt, was gesagt wurde, um ihnen die Möglichkeit zu geben, daran anknüpfend Korrekturen und Vertiefungen vorzunehmen (Kühn und Koschel 2018: 102–106). Abschließend wurden die Ergebnisse der Diskussion zusammengefasst, um der Diskussion einen stimmigen Rahmen zu geben und der Gruppe die Möglichkeit zu eröffnen, die aufgekommenen Themen und Aspekte noch einmal zu reflektieren (Kühn und Koschel 2018: 113).

Entsprechend der Empfehlung von Kühn und Koschel (2018: 202–203) wurde im Anschluss an die Gruppendiskussion ein Postskript verfasst, um die unmittelbaren Eindrücke während und nach der Gruppendiskussion festzuhalten und nachvollziehbar dokumentiert für den Analyseprozess nutzbar zu machen. „Der Vorteil eines solchen Protokolls liegt darin, dass es unmittelbar nach Ende der Diskussion bereits fertig gestellt ist und dem Moderator eine gute Grundlage bei der Auswertung bietet, den Verlauf der Diskussion nachzuvollziehen" (Kühn und Koschel 2018: 199).

9.1.5 Datenauswertung

Das teilnarrative Leitfadeninterview

Die Tonaufnahmen der teilnarrativen Leitfadeninterviews wurden anhand der vereinfachten Transkriptionsregeln nach Dresing und Pehl (2018: 21–24) transkribiert. Die verwendeten Transkriptionsregeln sind im Detail im Anhang 12.1 aufgeführt. Die Transkriptionen der Leitfadeninterviews wurden mittels der inhaltlich strukturierenden qualitativen Inhaltsanalyse nach Mayring (2015) ausgewertet. „Eine inhaltliche Strukturierung will Material zu bestimmten Themen, zu bestimmten Inhaltsbereichen extrahieren und zusammenfassen" (Mayring 2015: 99). Für die inhaltlich strukturierende Inhaltsanalyse dieser Arbeit wurde ein deduktives Kategoriensystem entwickelt. Als zentrales Hilfsmittel wurde ein Kodierleitfaden auf Grundlage des theoriegestützten Interviewleitfadens erstellt und anschließend an die Transkriptionen herangetragen (Mayring 2015: 97, 103). Der Kodierleitfaden enthält Informationen zu:

„1. Definition der Kategorien
Es wird genau definiert, welche Textbestandteile unter eine Kategorie fallen.

2. Ankerbeispiele
Es werden konkrete Textstellen aufgeführt, die unter eine Kategorie fallen und als Beispiele für diese Kategorie gelten sollen.

3. Kodierregeln
Es werden dort, wo Abgrenzungsprobleme zwischen Kategorien bestehen, Regeln formuliert, um eindeutige Zuordnungen zu ermöglichen"
(Mayring 2015: 97).

Anhand des Kodierleitfadens konnten Textstellen aus den Interviews den Kategorien zugeordnet werden. In der Analyse wurden die zugeordneten Textstellen paraphrasiert und hierdurch „in eine knappe, nur auf den Inhalt beschränkte, beschreibende Form umgeschrieben" (Mayring 2015: 71). Anschließend erfolgte die Generalisierung auf das zuvor bestimmte Abstraktionsniveau. Die unter dem Niveau liegenden Paraphrasen werden verallgemeinert, wobei theoretische Vorannahmen zur Hilfe genommen werden können. Im letzten Schritt erfolgte die Reduktion des Materials, wobei unwichtige und wenig aussagekräftige Paraphrasen gestrichen und sich aufeinander beziehende Paraphrasen gebündelt und zusammengefasst werden (Mayring 2015: 71). Die Durchführung der inhaltlich strukturierenden qualitativen Inhaltsanalyse wurde durch die Verwendung der Software MAXQDA unterstützt (Rädiker und Kuckartz 2019).

Die problemzentrierte Gruppendiskussion

Die Tonaufnahmen der problemorientierten Gruppendiskussion wurden nach den für Gruppendiskussionsverfahren empfohlenen Regeln der Transkription nach Bohnsack (2021: 255–257) transkribiert. Dabei erfolgt die Verschriftlichung der Sprache möglichst wort- und lautgetreu. Die verwendeten Transkriptionsregeln sind im Detail im Anhang 12.2 aufgeführt. Neben der gesprochenen Sprache soll das angefertigte Postskript ein möglichst „unverfälschtes" Bild der Originalsituation vermitteln (Nentwig-Gesemann u.a. 2020: 9). Die Transkriptionen der Gruppendiskussion wurden mittels der dokumentarischen Methode nach Bohnsack (2021) ausgewertet. Die Methode wurde in den 1920er Jahren von Karl Mannheim begründet und etablierte sich durch Ralf Bohnsack in den 1980er

Jahren als ein rekonstruktiver Forschungszugang in der qualitativen Sozialforschung (Asbrand 2011: 1). Als rekonstruktiv gilt die Methode deshalb, da es um die Rekonstruktion von nicht-explizierten, impliziten, stillschweigenden Orientierungen einer Gruppe geht (Bohnsack, Nentwig-Gesemann und Nohl 2013: 13). Im Folgenden sollen die theoretischen Grundlagen der Methode erläutert werden und dabei vor allem auf die Wissenssoziologie Mannheims (1952; 1964) eingegangen werden. Anschließend werden die Schritte der dokumentarischen Interpretation erläutert.

In der dokumentarischen Methode wird zwischen kommunikativ-generalisierendem und konjunktivem Wissen unterschieden. „Bei dem *kommunikativ-generalisierenden Wissen* handelt es sich um das theoretische, reflexiv verfügbare Wissen der Erforschten. Es wird begrifflich expliziert und beinhaltet theoretische, bewertende, normative Aussagen über die Handlungspraxis oder das Selbstbild und ist mit Intentionalität und Zweckrationalität verbunden" (Asbrand 2011: 2–3).

Das bedeutet, dass kommunikatives Wissen, auch Orientierungsschema genannt,

- bewusst zugänglich ist,
- sprachlich präzise ausgedrückt werden kann,
- sich auf allgemeine Wissensbestände und Vorstellungen über etwas bezieht,
- Theorien enthält, warum (Erklärung) und wozu (Intention) etwas gemacht oder gesagt wird (Nentwig-Gesemann u.a. 2020: 2).

Konjunktives Wissen dagegen ist implizites Wissen, welches das Denken und das praktische Handlungswissen bestimmt. Dieses handlungsleitende Wissen oder auch der Orientierungsrahmen wird in der Sozialisation auf Grundlage geteilter Erfahrungen erworben und ist deshalb erfahrungsbasiertes, habitualisiertes Wissen. Dabei handelt es sich um Orientierungen eines Kollektivs, weil sich dieses Wissen in sogenannten konjunktiven Erfahrungsräumen angeeignet wird und deshalb von all jenen geteilt wird, die über diese gemeinsamen Erfahrungen verfügen. „Dies können beispielsweise milieu-, generations-, geschlechts- oder organisationsspezifische Erfahrungen sein" (Asbrand 2011: 3).

Das bedeutet, dass konjunktives Wissen

- nicht unbedingt bewusst zugänglich ist,
- sprachlich vor allem über die Schilderung von konkreten Situationen, Erfahrungen, Erlebnissen, Handlungs- und Interaktionspraktiken deutlich wird,
- inkorporiert, das heißt in den Körper „eingeschrieben" ist,
- sich auf persönliches, subjektives Erfahrungswissen bezieht (Nentwig-Gesemann u.a. 2020: 5).

Kommunikatives Wissen ist für die*den Forschende*n ohne Probleme zugänglich, da es abgefragt werden kann. Konjunktives Wissen erschließt sich nur

dann, wenn der konjunktive Erfahrungsraum bekannt ist, das heißt die durch Erzählungen und Beschreibungen deutlich werdende Handlungspraxis (Bohnsack,
Nentwig-Gesemann und Nohl 2013: 15; Kamin 2021: 1).

> „Ein Verstehen von Äußerungen oder Handlungen bzw. das Verstehen der
> in ihnen implizierten Haltungen oder Orientierungen setzt voraus, dass wir
> die Alltagspraxis, den erlebnismäßigen Kontext, den Erlebniszusammen-
> hang oder Erfahrungsraum kennen gelernt haben, in den diese Äußerung
> hineingehört. […] Diejenigen, die durch gemeinsame Erlebniszusammen-
> hänge miteinander verbunden sind, die zu einem bestimmten „Erfahrungs-
> raum" gehören, verstehen einander unmittelbar. Sie müssen einander nicht
> erst interpretieren." (Bohnsack 2021: 62–63)

Bohnsack, Nentwig-Gesemann und Nohl (2013: 16) fassen zusammen: „Das
heißt, eine Äußerung oder Handlung wird mir nur verständlich, wenn ich den
dazugehörigen Erfahrungsraum kenne."

Das Ziel und auch das Potential liegt in der empirischen Rekonstruktion von impliziten Wissen und kollektive Orientierungen, „die der Alltagskommunikation zugrunde liegen und das Alltagshandeln bestimmen, in der Regel aber nicht expliziert werden und in der Handlungs- oder Interaktionssituation nicht reflexiv zugänglich sind" (Asbrand 2011: 1). Die dokumentarische Methode eignet sich deshalb in ganz besonderer Weise zur Interpretation von Gruppendiskussionen, da
davon ausgegangen wird, dass sich die kollektiv geteilten Orientierungen in solchen Gesprächen dokumentierten (Loos und Schäffer 2001: 102; Nohl 2017: 4).
Zur Interpretation der Gruppendiskussion findet ein Wechsel der Analyseeinstel-
lung vom „Was" zum „Wie" statt. Das bedeutet, dass sich die*der Forschende
einer Bewertung dessen enthält, was in der Gruppendiskussion gesagt wird.
Stattdessen beschäftigt sich die Interpretation mit der Frage, wie die Gruppe die
Themen im Diskurs bearbeitet. Dabei geht es um das Verstehen von Orientierungen und Kommunikations- und Interaktionszusammenhängen weil – wie in
diesem Falle auch – eine explorative Fragestellung untersucht wird, über die bisher wenig wissenschaftliche Erkenntnis existiert (Asbrand 2011: 3–4).

Das Vorgehen bei der Rekonstruktion oder Interpretation lässt sich in folgende
vier Schritte unterteilen: formulierende Interpretation, reflektierende Interpretation, Diskursbeschreibung und Typenbildung (Bohnsack 2021: 37). Kamin (2021:
1) führt mit Blick auf die Komplexität der Methode an, dass in der Forschungspraxis oft nur die ersten drei Schritte durchgeführt werden, das Ziel der Methode
dadurch jedoch trotzdem erreicht wird.

Formulierende Interpretation

Ziel der formulierenden Interpretation ist es herauszuarbeiten, welche Themen
und Unterthemen im Diskursverlauf überhaupt angesprochen werden, und nach
einer detaillierten Betrachtung der thematischen Gliederung jene Passagen herauszufiltern, die aufgrund ihrer Thematik besonders relevant erscheinen

(Bohnsack 2021: 37). Zunächst wurde sich anhand der Gesprächsaufnahme ein genereller Überblick über den thematischen Verlauf der Diskussion verschafft und die Transkription nach Ober- und Unterthemen gegliedert. Leitende Frage ist: „Was sagen die Befragten zu welchen Themen?" (Nentwig-Gesemann u.a. 2020: 12). Die einzelnen Themenüberschriften wurden bei Bedarf durch eine kurze Inhaltsangabe der thematischen Passage ergänzt. Anschließend wurden diejenigen Passagen ausgewählt, die zum Gegenstand der folgenden reflektie-renden Interpretation werden sollen, und es wird sich dabei zum einen an der thematischen Relevanz für die Fragestellung sowie den fallinternen Vergleichs-möglichkeiten im dritten Schritt der Analyse orientiert (QUASUS 2008: 1). Zu-sätzlich wurden Abschnitte ausgewählt, die sich durch besondere interaktive und metaphorische Dichte und besonderes Engagement der Befragten auszeichne-ten (Bohnsack 2021: 139). Passagen mit besonderer Dichte werden nach Bohnsack (2021: 142) auch als Fokussierungsmetaphern bezeichnet.

Reflektierende Interpretation

„Die formulierende Interpretation verbleibt vollständig in der Perspektive des Interpretierten, dessen thematischen Gehalt sie mit neuen Worten formulie-rend zusammenfasst. Demgegenüber wird in der reflektierenden Interpreta-tion rekonstruiert, wie ein Thema oder eine Problemstellung verarbeitet, d. h. in welchem Orientierungsrahmen ein Thema oder eine Problemstellung abgehandelt wird." (Nohl 2017: 5)

In diesem Analyseschritt vollzieht sich der Wechsel vom „Was" zum „Wie" und es wird nach der Rekonstruktion und Explikation des Rahmens gesucht, inner-halb dessen das Thema abgehandelt wird, das heiß nach der Art und Weise, wie das Thema behandelt wird (Bohnsack 2021: 139). Dabei wurde das ausgewählte empirische Material einer detaillierten Diskursanalyse unterzogen (vgl. An-hang 12.2). Eine Diskurseinheit wird zu Beginn mit einer Proposition gekenn-zeichnet. Hierbei handelt es sich um eine argumentative oder beschreibende Äußerung, mit der ein neues Thema oder ein thematischer Aspekt in die Diskus-sion eingeführt wird und die den Orientierungsrahmen einer Gruppe zum Aus-druck bringt. Anschließend folgt eine Bearbeitung der Proposition durch die Gruppe, wobei diese sehr unterschiedlich ausfallen kann. Die Diskurseinheit en-det mit einer Konklusion des Themas durch die Gruppe (Loos und Schäffer 2001: 64, 66-69). Die verwendeten Begrifflichkeiten zur Beschreibung des Gesprächs-verlauf und der Diskursorganisation nach Przyborski (2004) finden sich detailliert im Anhang 12.2.

Diskursbeschreibung

Nachdem die Diskussion im Zuge der ersten beiden Analyseschritte in ihre Komponenten zerlegt worden ist, wird diese in der Diskurs- oder auch Fallbeschreibung wieder zusammengesetzt und eingebunden in eine Art Nacherzählung des Diskursverlaufs. Ziels ist es durch Zusammenfassung und Verdichtung die Ergebnisse der Öffentlichkeit zu präsentieren und „zu zeigen, wie sich die Gruppe an einer Thematik sukzessive abarbeitet und auf diese Weise der *Rahmen,* innerhalb dessen das Thema bearbeitet wird, immer dichter, komplexer und konturierter herausgearbeitet wird. Es geht aber auch darum, zu zeigen, welche Themen überhaupt nicht oder nur marginal behandelt werden" (Bohnsack 2021: 54). In die Diskursbeschreibung werden ausgewählte Zitate aus den bearbeiteten Textsequenzen miteinbezogen, um beispielsweise die im Fokus stehenden Orientierungen oder Belege für Inhalte zu verdeutlichen. Eine Diskursbeschreibung wird umso runder und dichter, je umfassender es gelingt Inhalt und Form der Diskussion zu der Gesamtcharakteristik des Falles verschmelzen zu lassen (Bohnsack 2021: 143–144).

Die Besonderheiten des Falls werden in der Diskursbeschreibung auch anhand eines Fallvergleichs, der sogenannten komparativen Analyse verdeutlicht. Dabei kann diese entweder fallübergreifend oder fallintern durchgeführt werden (Bohnsack 2021: 141). Hintergrund für die komparative Analyse bildet die Gefahr, dass die erfolgten Interpretationen an den „Standort" die*der Forscher*in gebunden sind und damit nicht ausreichend valide sind.

> „Die Vorstellungen oder Entwürfe des Interpreten [...] können nun entweder *gedankenexperimentell* sein, können auf hypothetischen Vorstellungen beruhen, die dann abhängig sind von der jeweiligen Erfahrungsbasis, dem jeweiligen Erfahrungshintergrund des Interpreten, in den Alltagserfahrungen und theoretische (soziologische) Erfahrungen gleichermaßen eingehen können. Die dokumentarische Methode ist somit abhängig vom *Standort des Interpreten* [...]. Sie wird umso mehr methodisch kontrollierbar je mehr die *Vergleichshorizonte des Interpreten* empirisch fundiert und somit intersubjektiv nachvollziehbar und überprüfbar sind." (Bohnsack 2021: 141)

Es kann also festgestellt werden, dass die Art und Weise wie, d. h. in welchem Orientierungsrahmen, ein Thema in einer Gruppendiskussion bearbeitet wird, sich am besten rekonstruieren lässt, indem man andere Interviewtexte als Vergleich heranzieht, in denen dasselbe Thema in kontrastierenden Orientierungsrahmen behandelt wird (Nohl 2017: 9).

Da für die vorliegende Forschungsarbeit keine Vergleichsgruppe zur Verfügung stand, wurde die komparative Analyse anhand eines fallinternen Vergleichs durchgeführt und im Fall selbst entfaltete homologe Muster, Kontraste und Gegenhorizonte herausgearbeitet, um die rekonstruierten Orientierungsrahmen klarer zu fassen und diese in die Diskursbeschreibung einfließen zu lassen (Loos und Schäffer 2001: 84–85; Nentwig-Gesemann u.a. 2020: 18).

Typenbildung

Auf die anschließende Typenbildung wurde aus Gründen der ausgelassenen fallübergreifenden, komparativen Analyse und aufgrund der Begrenztheit der Forschungsarbeit in Zeit, Raum und Person verzichtet. Hierbei steht die Identifizierung einzelner Typen im Fallvergleich im Fokus.

> „Wenn nicht nur in einem Fall, sondern in mehreren Fällen eine bestimmte Art und Weise, ein Problem [...] zu bearbeiten, identifiziert werden kann, und wenn dieser Orientierungsrahmen zudem von kontrastierenden Orientierungsrahmen [...] unterschieden werden kann, dann lässt sich dieser Orientierungsrahmen vom Einzelfall ablösen und zum Typus ausarbeiten." (Nohl 2017: 9)

Hierdurch soll dem Problem der Generalisierbarkeit qualitativer, rekonstruktiver Sozialforschung entgegengewirkt werden (Bohnsack, Nentwig-Gesemann und Nohl 2013: 24). So sei an dieser Stelle darauf hingewiesen, dass sich die getroffenen Aussagen in der folgenden Diskursbeschreibung nicht generalisieren lassen und nur für die erforschte Gruppe valide sind. Dennoch kann die Forschungsfrage anhand der Ergebnisse in Verbindung mit der durchgeführten Literaturrecherche umfassend beantwortet werden.

9.2 Ergebnisse der Gruppendiskussion „VHT International": Diskursbeschreibung

Ziel der Diskursbeschreibung ist es zu erfahren, vor welchem Kulturverständnis die Gruppe diskutiert und inwiefern die Gruppe sensibel ist für kulturelle Momente in den Arbeitsbeziehungen zu ihren Adressat*innen. Hierfür wird der Fokus der Diskursbeschreibung auf das „Wie" gelegt, um die zugrundeliegende Haltung der Gruppe herauszufiltern. Vor diesem Hintergrund evaluiert die Gruppe den Einsatz von VHT in ihrer Praxis, wobei sich zur Darstellung der Ergebnisse mehr auf der rein inhaltlichen Ebene des Diskurses bewegt wird.

Thematisch gliedert sich der Diskurs in drei aufeinander aufbauende Abschnitte, welche sich, an mancher Stelle durch die Interviewerin angestoßen, nahezu selbstläufig entwickeln. Zum ersten Thema „Kulturverständnis" findet sich gleich zu Beginn der Diskussion eine interaktiv dichte und selbstläufige Passage, welche hier zur Darstellung des Orientierungsrahmens näher betrachtet werden soll. Diese Fokussierungsmetapher hebt sich von den anderen Passagen ab, da der anfangs zunächst „akademische" Diskussionsstil einem lebendigen Diskutieren um brisante Themen mit schnellerem Tempo und erhöhter Sprechlautstärke weicht. Die Diskussion der Gruppe entwickelt sich in einem antithetischen Modus entlang der aufkommenden Orientierungen. Zwar kommen gemeinsame, homologe Orientierungen zum Ausdruck, diese werden jedoch durch Widerstreit und Verneinung entfaltet, ein oft konkurrierendes Gegeneinander, dessen gemeinsame Orientierungsgrundlage sich für die Interpretin erst in der Synthese der widersprechenden Positionen als einander ergänzende Komponenten eines Habitus erschließt.

Thema der Passage ist die Aushandlung eines gemeinsamen Kulturverständnisses der Gruppe. Die Teilnehmenden der Gruppe versuchen auf Grundlage ihrer eigenen Erfahrungen und dem im Diskurs enthaltenen kommunikativen Wissen zu einer Konklusion zu kommen. Zu Beginn greift die Interviewerin ein Thema auf, dass die Gruppe im Fortbildungskontext bereits gestreift, jedoch noch nicht ausführlich erörtert hat. Somit wird an bereits angestoßene Denkmuster angeknüpft und die Gruppe nicht nur als Expert*innen des Arbeitsfeldes Jugendhilfe, sondern nun auch als Expert*innen der Thematik „Kultur" angesprochen. Durch die Proposition wird folgender Orientierungsgehalt repräsentiert: Die Kultur eines Menschen entwickelt sich in der Kindheit. Der Mensch ist Objekt der Entwicklung und kann nicht anders, als die ihm vorgelebte Kultur anzunehmen. Die kontroverse Haltung wird von der Gruppe aufgenommen und auf zwei verschiedenen Ebenen differenziert. Zum einen diskutiert die Gruppe über den Entwicklungszeitraum von Kultur, zum anderen über die Rolle des Menschen im Prozess. Über den Entwicklungszeitraum von Kultur wird sich die Gruppe ohne viele Wortwechsel schnell einig.

41 *Bf*: Ich würd sagen dass äh ne Kultur nicht nur in der
42   <u>Kindheit</u> geprägt wird sondern <u>ich</u> hab des so erlebt dass (.)
43   kulturelles <u>Lernen</u> eigentlich en leben- ein lebens<u>langer</u>
44   Prozess sein kann. und dass zum Beispiel in der Kindheit
45   lernt man dann des was für ne <u>Kindheit</u> wichtig isch und dann
46   in der Pubertät des was in der Pubertät zum Beispiel wichtig
47   isch °oder so°.

Die Sprecher*innen greifen den Sinngehalt der Proposition in Worten auf und erweitern ihn durch die Perspektive auf verschiedene lebenslange Faktoren, welche die Kultur eines Menschen prägen. *Bf* rahmt ihre Haltung dadurch ein, dass sie sie als Ergebnis ihrer ganz persönlichen Erfahrung wertet, und relativiert somit den universalen Wahrheitsanspruch der Orientierung. Hier wird ein Moment der Nähe zum Thema sichtbar, welche sich auch an verschiedenen Stellen bei anderen Gruppenmitgliedern dokumentieren lässt. So stimmen sich durch Validierungen und Wiederholungen dessen, was in Bezug auf den Entwicklungszeitraum gesagt wurde, die Sprecher*innen ab, wie genau die neue Beschreibung des Gesagten ausfallen soll. Darin drückt sich eine große Einstimmigkeit in der Perspektive der Betrachtung des erweiterten Orientierungsgehalts aus: Die Kultur eines Menschen entwickelt sich auch in der Kindheit, wird jedoch im Laufe des Lebens noch durch andere Faktoren geprägt. Kultur wird demnach als lebenslanger Prozess gedacht. Nach den Wiederholungen kommt es zu einem kurzen Stocken im Diskursverlauf, der verdeutlicht, dass in diesem Zusammenhang scheinbar alles Notwendige gesagt wurde, das Thema und auch die Orientierung für die Gruppe hinreichend bearbeitet ist und man sich ab nun nur noch wiederholen könnte.

Am äußert sich daraufhin zur Rolle des Menschen im Prozess. Durch Formulierungen wie „Menschen, die irgendwo hinwandern oder ihr Ort wechseln" (Pos. 36-37) und den Bezug darauf, „dass (.) kulturelles Lernen eigentlich en lebenein lebenslanger Prozess sein kann" (Pos. 42-44) wird der Mensch als aktives Wesen im Aneignungsprozess von Kultur begriffen. *Cm* formuliert hierzu eine Antithese. Die aktive Vokabel des Lernens wird durch die des Prägens als passiven Prozess ersetzt und eröffnet somit einen Gegenhorizont. So werden nun zwei verschiedene Orientierungsgehalte aufgeworfen: Einerseits der Mensch als Subjekt im kulturellen Prozess, andererseits als Objekt. Hier zeigt sich der antithetische Diskursverlauf in Bezug auf die Proposition zur Rolle des Menschen im Prozess. *Df* distanziert sich daraufhin zunächst von einer weiteren Bearbeitung des Themas und verweist mit „Ich weiß jetzt nicht genau, was genau was da mit Kultur gemeint isch" (Pos. 57-58) auf den Orientierungsrahmen „Kulturverständnis", den die Gruppe sich am Erarbeiten ist. Als Aussage formuliert, kann dies als Aufforderung an die Gruppe verstanden werden, sich in der folgenden Diskussion noch stärker mit dem Inhalt von Kultur zu beschäftigen. Trotz der Distanziertheit zum Thema und Unsicherheit in Bezug auf den Wesensgehalt von Kultur lehnt *Df* die Antithese „Mensch als Objekt" ab und schließt sich dem Orientierungsgehalt „Mensch als Subjekt" an. Für eine Positionierung scheint eine genaue Definition des Kulturbegriffs für *Df* nicht nötig zu sein, und sie ist sich in ihrer Aussage sehr sicher. Dies wird durch die Betonung des Adverbs „immer" in der Aussage „weil ich bin der Überzeugung dass ein Mensch sich immer verändern kann" (Pos. 58-59) deutlich. Anschließend untermauert sie ihre Haltung mit dem Verweis auf unterschwellige, von außen nicht sichtbare Veränderungen eines Menschen, die dennoch von ihm aktiv durchgeführt werden. *Ef* validiert die Antithese von *Df* durch die bestätigende Äußerung „Ich muss dir zustimmen ich find des au" (Pos. 64). Anschließend wird die Aussage wortgleich wiederholt, was einer Fokussierung gleichkommt. Diese lässt sich als Ausdruck einer totalen Übereinstimmung fassen bzw. als Bestätigung, dass sowohl der Sinn- als auch der Orientierungsgehalt treffend und entsprechend dargestellt wurden. Der Orientierungsgehalt „Mensch als Subjekt" wird im Diskursverlauf durch die Gruppe weitergetragen, wohingegen der Gegenhorizont „Mensch als Objekt" nicht noch einmal dokumentiert werden kann.

Abschließend einigt sich die Gruppe auf eine gemeinsame Orientierung in Bezug auf die Rolle des Menschen im Aneignungsprozess von Kultur. Anhand einer längeren Erzählpassage wird deutlich, dass die Orientierungsgehalte Objekt/Subjekt sich zwar unterscheiden, jedoch keinen exkludierenden Charakter besitzen. Durch tatsächliche Benennung der zwei Horizonte, werden diese aus dem konjunktiven Wissen in den kommunikativen Bereich transportiert und so der Gruppe noch einmal abschließend vor Augen geführt.

89 Hm: Also ich denke dass man gleichzeitig Subjekt und
90   Objekt der Kultur ist, das heißt dass man äh sie gestaltet,
91   aber natürlich auch durch sie geprägt ist. Ich selber kenn
92   des wo ich selber eher der Überzeugung bin ich bin Subjekt

93	((lacht)) einer bestimmten Entwicklung, ich kenne das aber
94	wie ich zum Objekt gemacht werde also da sind bestimmte
95	Persönlichkeitseigenschaften die ich halt hab, die manche
96	wenn er erfährt dass ich Engländer bin plötzlich sagt des is
97	ja typisch Englisch? und ich kenn das genauso dass in
98	England dann Leute sagen das ist typisch Deutsch. also
99	((Gruppe lacht)) weil die wissen dass ich seit vierzig
100	Jahren in Deutschland (.) oder noch länger in Deutschland
101	lebe ja. wo ich aber denke, naja des hat mich schon geprägt
102	wahrscheinlich; aber gleichzeitig gestalte ich des und
103	betrachte es als meine (.) ä::h Persönlichkeitseigenschaft.

Der Konklusion „Mensch sowohl als Subjekt als auch als Objekt" wird nicht widersprochen und die neue Orientierung wird durch die Gruppe akzeptiert. Dies kann zum einen daran liegen, dass diese wirklich für alle Mitglieder stimmig erscheint, oder aber es mangelt in der Gruppe an persönlichen, gegenläufigen Erfahrungen, welche als gleichwertig gewichteter Gegenhorizont anerkannt und vorgebracht werden können.

Innerhalb der Elaborationen zu den Orientierungsgehalten „Mensch als Subjekt oder Objekt" wird der vorangegangene Definitions-Auftrag von *Df* für den Inhalt von Kultur aufgegriffen, und es wird von *Am* ein neuer propositionaler Orientierungsgehalt aufgeworfen. Hier wird Kultur als Kunst verstanden: „ich könnte mich entscheiden jetzt in Theater zu gehen und mich zu kultivieren in diesem Bereich oder in andere. oder eine Rap-Show mir anzuschauen." (Pos. 69-72). Auch im späteren Diskursverlauf vor dem Hintergrund einer Globalkultur wird Kultur von *Am* als Kunst aufgegriffen, und er argumentiert vor diesem Orientierungsrahmen: „Musik aus der USA oder plötzlich ein Lied aus China der in der ganzen Welt gespielt wurde vor ein paar Monaten. und alle nehmen das an, und nicht als meine Kultur sondern als unsere ⌊ Kultur." (Pos. 136-139). Auffällig in der Debatte ist, dass *Am* als einziges Gruppenmitglied versucht an dieser Deutung von Kultur festzuhalten. Da dieser von der Gruppe aber nicht angenommen oder zumindest diskutiert wird, muss er seinen Orientierungsrahmen zugunsten der Gruppe aufgeben. Dies wird im folgenden Diskursverlauf verdeutlicht werden.

Der zweite Orientierungsrahmen kann als ein Verständnis von Kultur als persönliche Eigenheiten dokumentiert werden. Zum ersten Mal wird dies von *Hm* angebracht, der Kultur als seine persönlichen Merkmale und Eigenschaften beschreibt.: „und betrachte es als meine (.) ä::h Persönlichkeitseigenschaft. ich hab auch selber in meiner Person eine Integration gelebt über die Jahre ja. (2) also Integration von Kulturen mein ich °mh°." (Pos. 102-106). Später wird der Rahmen ausdifferenziert und Kultur neben der Eigenschaftsdimension auch eine handlungsleitende Dimension hinzugefügt:

121	Bf:	Und da im Gegenzug, es gibt ja auch viel kleinere
122		Systeme in denen ich leb wo es auch drauf ankommt wie ich
123		eine Tradition lebe. Also ich bin zwar Deutsche und trotzdem
124		isch bei mir in der Familie zum Beispiel Kultur anders;

125   °könnte Kultur anders sein° wie bei meinem Nachbar.

Der zweite Orientierungsrahmen für Kultur kann demnach wie folgt betitelt werden: „Kultur als handlungsleitende Kategorie".

Es entfaltet sich ein lebhafter Diskurs um die Grenzen von Kultur vor zwei unterschiedlichen Orientierungsrahmen, die im Folgenden dargestellt werden sollen. Die Gruppe gestaltet einen divergenten Diskursverlauf, was bedeutet, dass die Gesprächsteilnehmer*innen zwar bei Thema bleiben, jedoch durch die Nicht-Vereinbarkeit der Orientierungen die Themen oft wechseln. So werden immer wieder Elemente von anderen Sprecher*innen aufgegriffen und in den jeweils anderen Orientierungsrahmen gesetzt, was so aussieht, als würden sie sich aufeinander beziehen. Aufgrund des unterschiedlichen Rahmens reden die Teilnehmenden jedoch aneinander vorbei und die Orientierungen streben auseinander. Die Transformationen bleiben durch die Teilnehmenden unerkannt. Die zwei verschiedenen Orientierungsrahmen können im Gespräch wie folgt aufgezeigt werden.

Zum ersten Mal dokumentiert sich ein neuer Orientierungsgehalt als Proposition von *Bf*, die argumentiert, dass die Perspektive „Mensch als Subjekt" nur „hier bei uns" (Pos. 75) gegeben ist und das in anderen Ländern anders ist („ich denk es gibt vielleicht andere Länder" (Pos. 77-78)). Kultur wird hier als etwas länderspezifisches gedacht. Das „hier bei uns" (Pos. 75) verdeutlicht eine abgrenzende und unterscheidende Haltung zu Kulturen außerhalb der eigenen Landesgrenzen. *Gf* schließt an den Orientierungsgehalt der Aussage an, indem sie den Kulturkreis ihrer Adressat*innen mit deren (Herkunfts-)Nationalität begründet:

81 Gf: Ich ⏌ mach die Erfahrung mit Klienten dass
82   Menschen, die vielleicht aus nem anderen Kulturkreis kommen,
83   oder die Generation davor, dass die oft zwischen den
84   Kulturen switchen.

Durch die Aussage „oder die Generation davor" wird deutlich, dass sie sich hier auf eine Migrationsgeschichte der Adressat*innen bezieht, die entweder selbst oder deren Elterngeneration aus „nem anderen Kulturkreis", sprich einem anderen Land kommen. Das „switchen" zwischen den Kulturen der Adressat*innen wird so als wechselnder Bezug der landesspezifischen Herkunftskultur zur nun aktuellen deutschen Kultur verstanden. Deutlich wird, dass diese zwei Kulturen hier als abgegrenzt und different verstanden werden, was das beobachte „switchen" erst möglich macht. *Hm* greift die Orientierungsgehalte „länderspezifische Kultur" und „Differenz und Abgrenzung" der Aussage auf und differiert sie dahingehend, dass ihm kulturelle Persönlichkeitseigenschaften aufgrund seiner Nationalität zugeschrieben werden, er diese jedoch in seiner Person verbindet und sie nicht als abgegrenzt erlebt. Hier wird Kultur zwar als etwas national Geprägtes verstanden, die fiktiven Grenzen jedoch aufgelöst und Kultur als hybrides Gebilde erlebt, wodurch sich ein Gegenhorizont „Hybride Transkulturalität" zum Orientierungsgehalt „Abgrenzung und Differenz" eröffnet. Im anschließenden

Diskurs verhandelt die Gruppe um weitere Grenzen und Differenzlinien von Kultur:

109 Hm: Ich sag gleich da noch was dazu, das find ich ähm
110   zu eng definiert; dass man das bezieht auf ein Land und
111   möglicherweise auf ein- auf staatliche Grenzen. des kommt
112   ein bisschen drauf an was man unter Land versteht. (2) ähm
113   weil ich denk es gibt ähm kulturelle Eigenschaften ähm die in
114   einem größeren Kontext wirksam sind ja. also ich bin ja
115   nicht nur Deutscher, ich bin auch Europäer ich bin aber auch
116   Schwabe. und des kommt drauf an auf welchen Hintergrund man
117   sich bezieht. ich bin Teil von Teil des westlichen
118   Bildungsbürgertums ja, wo ich wahrscheinlich noch einen viel
119   viel größeren Rahmen fassen kann der äh den ich
120   mitverkörpere ja.
121
122 Bf: Und da im Gegenzug, es gibt ja auch viel kleinere
123   Systeme in denen ich leb wo es auch drauf ankommt wie ich
124   eine Tradition lebe. Also ich bin zwar Deutsche und trotzdem
125   isch bei mir in der Familie zum Beispiel Kultur anders;
126   °könnte Kultur anders sein° wie bei meinem Nachbar. Und
127   vielleicht ähnlich sein wie bei jemanden in Österreich oder
128   in der Schweiz oder so. also ich sehe Kultur als sehr als
129   was sehr Individuelles hier in Deutschland. so wie es ich
130   erlebe. °ich weiß nicht wie es in vielen anderen Ländern ist
131   aber ich erlebe es als was Individuelles°.

So wird der Orientierungsgehalt „länderspezifische Kultur" weiter ausdifferenziert und dargelegt, dass Kultur sowohl in größeren als auch kleineren Systemen gefasst werden kann. Die scheinbar voneinander abgrenzbaren Kulturen werden am eigenen Beispiel in einer Person „mitverkörpert" (Pos. 120) und kulturelle Zugehörigkeit als etwas gemischtes „Individuelles" (Pos. 131) aufgefasst. Innerhalb eines Landes und auch innerhalb einer Person können demnach ganz unterschiedliche Kulturen gelebt werden, wodurch Nationalität eine bestimmte Kulturzugehörigkeit nicht begründet. Durch eine Differenzierung von *Am* wird die Grenze von Kultur sogar noch weiter aufgelöst, indem im Zuge der Globalisierung eine zunehmende Globalkultur konstatiert wird. Diese Aussage zeigt sich jedoch als Divergenz, da sich hier zwar auf die Debatte um Grenzen von Kultur bezogen wird, dies jedoch vor der Rahmung „Kultur als Kunst" geschieht.

132 Am: Dazu muss man auch wenn das heutzutage in der modernen
133   Epoche mit ganze Zugang zu Internet und zu den neuen Medien,
134   hat sich eine neue Kultur die weltweit ähm reicht. und
135   einfach alles ist mehr umgänglich und Menschen können andere
136   Kulturen sich annehmen und machen sie das auch. Musik aus der
137   USA oder plötzlich ein Lied aus China der in der ganzen Welt
138   gespielt wurde vor ein paar Monaten. und alle nehmen das an,
139   und nicht als meine Kultur sondern als unsere ⌊ Kultur.

Der Orientierungsrahmen „Kultur als Kunst" wird erneut vom Rest der Gruppe nicht mitgetragen und aufgegriffen. An dieser Stelle äußert sich *Am* zum letzten Mal mit dieser Haltung und „verliert" diese so scheinbar im weiteren Gesprächsverlauf. Dies wird von ihm jedoch nicht direkt zur Sprache gebracht, es scheint eher, als ob er sich dem Gruppendruck ergibt und nun auch im gemeinsamen Orientierungsrahmen „Kultur als handlungsleitende Kategorie" deren Grenzen weiter diskutiert.

In der von *Cm* anschließend vorgetragenen Konklusion werden die vorherigen Ausführungen zu den verschieden großen Zugehörigkeitskreisen von Kultur validiert, und es wird sich noch einmal deutlich von einer länderspezifischen Zuschreibung von Kulturen distanziert.

139 Cm: Da kann ⌋ ich ergänzen, wenn man jetzt
140   zweihundert Jahre zurück geht hat man jetzt wahrscheinlich
141   jedes Dorf in Deutschland so seine gewisse eigene Kultur
142   gehabt. und das im Laufe der Zeit immer erweitert hat. Und
143   wie du sagst im äh durch die Globalisierung Internet gibt es
144   ganz andere Möglichkeiten. und es gibt nicht mehr diese (.)
145   länderspezifische Abgrenzung. ⌊

Deutlich wird auch hier der Bezug auf den Gegenhorizont „Transkulturalität", indem sich hier auf die erweiterten Möglichkeiten im Zuge der Globalisierung gestützt wird. Das bedeutet, dass zu diesem Zeitpunkt zwei oppositionelle Orientierungsgehalte zu verhandeln sind. Bei einem Teil der Gruppe kann deutlich der Bozug zu „Abgrenzung und Differenz" von Kulturen als Haltung dokumentiert werden. Der andere Teil der Gruppe transportiert den Orientierungsgehalt „Transkultur" und „Hybridität". Auffällig sind dabei die unterschiedlichen Wege wie die Orientierungen hervorgebracht werden. In den Redebeiträgen mit der Orientierung „Abgrenzung und Differenz" sprechen die Gesprächsteilnehmer*innen über „Andere" und stellen scheinbar nicht anfechtbare Tatsachen in den Raum. Dies wird vor allem anhand folgender zwei Passagen deutlich:

81 Gf: Ich ⌋ mach die Erfahrung mit Klienten dass
82   Menschen, die vielleicht aus nem anderen Kulturkreis kommen,
83   oder die Generation davor, dass die oft zwischen den
84   Kulturen switchen.

Mit dem Bezug zu den Adressat*innen spricht *Gf* in ihrer Rolle als Fachkraft, grenzt sich somit zu diesen ab und nimmt eine außenstehende, scheinbar objektive Beobachterinnenrolle ein. Sie selbst distanziert sich durch die eingenommene Position als Außenstehende scheinbar vom der hier transportierte Orientierung „Abgrenzung und Differenz", wodurch diese in doppelter Hinsicht inhaltlich sowie als Orientierungsgehalt transportiert wird. Im späteren Gesprächsverlauf kann dies noch einmal dokumentiert werden:

176 Gf: ((spricht schnell, erregt)) Und ⌋ dennoch isch=es
177   so dass auch heutzutage des noch isch dass wenn du auf die
178   Schwäbische Alb fährsch oder in=n Schwarzwald, dass da ein

179	Dorf hat einen eigenen Dialekt? und der Nächschte hat nen
180	andren Dialekt. und die die da alteingesessen wohnen,
189	möchten au net dass der von dem Dorf in des Dorf zieht. und
190	da reden wir hier net von Ausländern.

Die Aussage „es isch so" stellt eine scheinbar unumstößliche Tatsache der Abgrenzung und Differenz fest, die jedoch durch den Bezug auf andere Unbekannte, die man nur trifft „wenn du auf die Schwäbische Alb fährsch oder in=n Schwarzwald" (Pos. 178-179) von der eigenen Person weggeschoben wird. So wird auch hier in doppelter Hinsicht inhaltlich sowie als Orientierungsgehalt „Abgrenzung und Differenz" transportiert. Der Modus durch den die Orientierung hervorgebracht wird erscheint wie: „Bei anderen ist das so/Andere denken so, aber ich ja auf keinen Fall."

Im Gegensatz dazu werden die Sprechbeiträge vor dem transportierten Gegenhorizont „Transkulturalität" und „Hybridität" mit ganz persönlich gemachten Erfahrungen und ich-bezogenen Erzählungen ausdifferenziert. Dies wird vor allem in folgendem Ausschnitt im Sprechbeitrag von *Hm* deutlich: „ich hab auch selber in meiner Person eine Integration gelebt über die Jahre ja. (2) also Integration von Kulturen mein ich °mh°." (Pos. 104-106). So entsteht im Redebeitrag von *Bf* auch Nähe zum transportierten Orientierungsgehalt durch den Bezug zu den in der eigenen Familie vorhandenen Kulturen („bei mir in der Familie" Pos.125). Hier scheinen die Sprecher*innen sich ausdrücklich zur Orientierung zu bekennen und diese zu unterstützen.

Es stellt sich nun die Frage, weshalb die beiden Gegenhorizonte in so unterschiedlicher Weise angeführt werden. Dies lässt sich bei genauem Hinsehen auf den folgenden Diskursverlauf näher erklären. Durch den Redebeitrag von *Im* wird der unterschwellige, politische Gehalt der beiden Orientierungen zur Sprache gebracht:

146 Im:	⌐ Ic::h äh:m (.) kann des natürlich teilen und
147	gleichzeitig sehe ich aber auch wohl ein ganz großer Wunsch
148	auch von der Bevölkerung, oder Teilen der Bevölkerung die es
149	ganz anders sehen. die den Kulturgedanken nochmal für sich
150	ganz anders prägen? die die Kultur für sich als eine
151	Sicherheit sehen. die ganz stark drin sind in Abgrenzung und
152	sagen andere Kulturen sind ähm (..) ja (.) zerstören unsere
153	Kultur. ja ich bin mir da gar nicht so sicher ob wir da
154	tatsächlich so modern uns weiterentwickeln. oder ob das
155	nicht tatsächlich auch was in eher in einen anderen Schritt
156	geht. also so dieser Liberalismus der ja hier so vorkommt
157	der glaub ich seh ich grad im Moment eine ganz andere Form
158	eher von Populismus der sich ganz stark auf die kulturelle
159	Einheit sich festlegt.

So wird die geteilte Auffassung „Transkulturalität" und „Hybridität" gleichgesetzt mit „modern" (Pos. 154) und „Liberalismus" (Pos. 156) und so positiv konnotiert. Der Gegenhorizont „Abgrenzung" und „Differenz" wird somit als rückschrittliche

Einstellung (Pos. 155) im Zuge des aufkommenden „Populismus" (Pos. 158) in „Teilen der Bevölkerung" (Pos. 148) gesehen. Die Einschränkung der Aussage von „Bevölkerung" auf die Betonung, dass lediglich Teile der Bevölkerung dieser Auffassung sind, lässt darauf schließen, dass hier auf eine nicht gern gesehene Minderheit verwiesen wird.

Dies verdeutlicht, wieso die beiden Orientierungsgehalte in unterschiedlicher Weise hervorgebracht werden können. „Transkulturalität" und „Hybridität" – als gesellschaftlich mehrheitlich anerkannt und positiv besetzt – können von den Gruppenmitgliedern so als persönliche Auffassungen und mit persönlicher Nähe geteilt werden, ohne das Risiko einzugehen, ein vermeintlich schlechtes Licht auf die eigene Person zu werfen. Im Gegensatz dazu kann der Orientierungsgehalt „Abgrenzung" und „Differenz" nur mit Abstand und als Orientierung „Anderer" angebracht werden, um selbst nicht in Erklärungsnot zu geraten.

In dieser Diskussionspassage verdichtet sich auch der Sprecher*innenwechsel und die Gruppe wird lauter und spricht schneller und erregt. Dadurch wird der emotional brisante Gehalt der beiden Gegenhorizonte deutlich. Im Versuch, das Thema schlichtend abzuschließen, wird in einer rituellen Konklusion darauf verwiesen, dass „was es alles noch gibt auf dieser ganzen Welt, des des kann ich gar nicht erfassen." (Pos. 165-166). So wird versucht die Diskussion mit dem Hinweis zu unterbrechen, dass sich niemand als Expert*in für die besprochenen Themen ausweisen und somit auch niemandem Recht oder Unrecht zugewiesen werden kann. Die oppositionellen Gegenhorizonte kommen somit zu keiner gemeinsamen konoonsfähigen thematischen Konklusion.

Auffällig im weiteren Diskurs ist jedoch, dass die Sprecher*innen auf Grundlage der Haltung „Abgrenzung und Differenz" sich nicht mehr zu Wort melden. So kann dennoch ein homogenes, mehrheitliches Kulturverständnis der Gruppe herausgearbeitet werden, auf dessen Grundlage die Gruppe nun beginnt über ihre Praxis als Fachkräfte zu sprechen.

Das Kulturverständnis der Gruppe lässt sich an der Zusammenstellung der folgenden Orientierungsgehalte darstellen:

- Kultur gilt als handlungsleitende Kategorie.
- Die Kultur eines Menschen entwickelt sich auch in der Kindheit, wird jedoch im Laufe des Lebens noch durch andere Faktoren geprägt.
- Kultur wird demnach als lebenslanger Prozess gedacht.
- Der Mensch ist hier sowohl Subjekt als auch Objekt von Kultur.
- Kulturelle Grenzen lösen sich im Zuge der Transkulturalität auf und es entstehen hybride Kulturen.
- Dabei hat jede Familie und jede Person ihre ganz individuelle Kultur.

Vor diesem Kulturverständnis kann in der zweiten ausgewählten Fokussierungsmetapher nun die Haltung der Gruppe in der Beziehungsgestaltung zu Adressat*innen mit anderen kulturellen Hintergründen herausgearbeitet werden. Die Diskussion der Gruppe entwickelt sich in einem parallelen Modus entlang der aufkommenden Orientierungen. Typisches Merkmal des parallelen Modus ist die Wiederholung von Orientierungen über Sprechbeiträge hinweg. Die homologen Erfahrungen dokumentieren sich bei diesem Modus auch in folgenden Merkmalen der Diskurspraxis: Die Teilnehmenden sprechen gemeinsam, oft in ähnlichen Worten und ohne dass sie sich in ihren Ausführungen gegenseitig stören. Durch ausführliche Erzählungen und Beschreibungen kommt es zu einer gegenseitigen Bestärkung und Validierung der Orientierungen. Zuletzt kann in der abschließenden Konklusion ein gemeinsamer Habitus dokumentiert werden.

Thema der Passage sind die erlebten Schwierigkeiten in der Beziehungsgestaltung zu Adressat*innen aufgrund vermeintlich kultureller Unterschiede. Die Teilnehmenden beginnen sich Anekdoten aus der Praxis zu erzählen. Durch humoristische Darstellungen, welche von Lachen und Zustimmung aus der Gruppe begleitet werden, entsteht der Eindruck, dass die beschriebenen Situationen zwar inhaltlich Schwierigkeiten in der Beziehungsgestaltung darstellen, diese jedoch als eher amüsant und nicht unlösbar betrachtet werden. Dies zeigt sich auch in der Art der Redebeiträge. Jede beschriebene Situation wird von den Vortragenden gleich selbst mit einer entsprechenden Haltung und einem daraus resultierenden Lösungsvorschlag versehen. So wird deutlich, dass die Gruppe durchaus Schwierigkeiten aufgrund kultureller Unterschiede erlebt, in deren Angesicht aufgrund der entwickelten Haltung jedoch handlungsfähig bleibt.

Zu Beginn wird gleich der Aspekt des „Wissens" in einer Proposition durch *Ef* aufgegriffen. Sie beschreibt eine Situation mit einem Jugendlichen, in der sich Wissen über die jeweils andere Kultur in einer Begrüßungssituation als hilfreich erwiesen hat. Es wird deutlich, dass das Erlebte „in der Beziehungsgestaltung am Anfang total <u>schwierig</u>" (Pos. 260-261) erlebt wurde, das Problem jedoch durch das vorhandene Wissen gelöst werden konnte, als „einfach klar wurde, dass macht er nicht aus <u>Unhöflichkeit</u>, sondern weil man das einfach aus der Kultur raus nicht tut" (Pos. 261-263). Wissen wird hier demnach als Voraussetzung für Verstehen angesehen: „und so denke ich dass man um seinen, um gut in Beziehung kommen zu können einfach sich gut <u>kennenlernen</u> muss was auch damit zu tun hat dass man die Kultur des Anderen kennen lernt. und dadurch versteht, warum jemand handelt wie er handelt. °genau°." (Pos. 263-267). Der Orientierungsgehalt der Proposition kann demnach wie folgt zusammengefasst werden: „Wissen als Voraussetzung von Verstehen". Die Orientierung wird von der Gruppe zunächst weitergetragen und findet sich in weiteren Elaborationen und Validierungen in Form von Erzählungen aus der Praxis. Deutlich ausdifferenziert wird der Aspekt des Wissens von *Ef* im späteren Diskursverlauf vor dem Hintergrund der Gefahr des Machtgefälles in der Arbeitsbeziehung. Wissen wird hier zwar immer noch als wichtig zur Erklärung von Handlungen erachtet, jedoch auf eine offene Haltung des neugierigen „Nicht-Wissens" verwiesen. So sollte die Fachkraft „einfach <u>neugierig</u> sein und offen nachfragen" (Pos. 357) und „mit nem offnen Herzen reingehn und nicht so von oben unser deutsches Verhalten ist das richtige" (Pos. 360-362). Hier wird eine Sensibilität für das vorhandene

Machtgefälle in der Arbeitsbeziehung deutlich, welchem versucht wird aktiv entgegenzuwirken, indem den Adressat*innen ein Expert*innenstatus zugesprochen wird. Wissen darf verwendet werden, jedoch sollte dieses direkt durch die Adressat*innen erlangt werden, „weil man wird sich des nirgends anlesen können, weil es einfach auch so individuell ist." (Pos. 358-359). Der Orientierungsgehalt „Wissen als Voraussetzung von Verstehen" wird somit weitergetragen und durch die Orientierungen „neugierige Haltung des Nicht-Wissens" und „Adressat*innen als Expert*innen" gerahmt.

Eine weitere Orientierung wird von *Hm* propositioniert, der von einer Situation im VHT berichtet, bei der das zentrale Element des Blickkontakts aufgrund eventueller kultureller Gegebenheiten tabuisiert wurde und nicht stattfand. Er löst die Situation folgendermaßen: „und dann ist es ganz wichtig zu schaun wie wie, worüber wird da der Kontakt hergestellt. und wie verhalt ich mich dazu ja, dass ich eben nicht auf diesen Blickkontakt besteh, ihn vielleicht auch gar nicht mehr suche; ja? da muss ich mich dann umstellen." (Pos. 272-276). Deutlich wird eine Haltung, die Sensibilität für Differenz hervorbringt, die Autonomie und Eigenheit der Adressat*innen anerkennt und die eigenen Theorien und Praxen vor diesem Hintergrund reflektiert und anpasst. Die Betonung des „ich" verweist darauf, dass der Reflexions- und Handlungsbedarf hier auf Seiten der Fachkraft gesehen wird. Auch diese Orientierungsgehalte, zusammengefasst als „Sensibilität für Differenz", „Autonomie der Adressat*innen" und „Reflexion der eigenen Theorien und Praxen" werden in weiteren Erzählungen im Diskursverlauf beispielhaft elaboriert.

Eindrücklich findet sich auch das Moment der Reflexion im Diskurs, welches sich als roter Faden durch alle Erzählungen zieht. Erlebte kulturelle Differenz wird als Anlass zur Reflexion genommen und eigene (kulturelle) Bedeutungskomplexe und Handlungsweisen werden so angepasst und erweitert. Die Fachkräfte sind so selbst Subjekte im kulturellen Entwicklungsprozess. Bei *Cm* zeigt sich dies beispielsweise daran, dass er eine Situation gemeinsam mit der Adressat*in reflektiert und seine Handlungspraxis daraufhin anpasst:

```
310 Cm: […] und da sind wir dann auch ins Gespräch gekommen und haben
311      festgestellt, ja im Prinzip betrete ich ja die Privatsphäre
312      dieser Familie. und wo sie dann auch gesagt hat ja sie würde
313      auch Regeln akzeptieren wenn sie zu mir ins Büro kommt oder
314      sonst wo. das das einfach, das war auch auf Beziehungsebene
315      haben wir da einfach auch so ein gutes, sind in den
316      Austausch gekommen. und zwar für mich verständlich und ab da
317      habe ich im Prinzip in jeder Familie gefragt, ist es ok,
318      dass ich die Schuhe anlasse, oder soll ich sie ausziehen.
```

Trotz der individuellen Unterschiede in den erlebten Situationen können die Orientierungsgehalte als ein paralleles, homologes Muster herausgearbeitet werden. Es handelt sich also nicht um Darstellungen von gemeinsam gemachten Erfahrungen, sondern es kristallisiert sich eine gemeinsame Haltung in den je einzeln gemachten Erfahrungen heraus. Auf den Punkt wird die Haltung in der abschließenden Konklusion von *Jm* gebracht. Anders als bisher geschieht dies nicht in einer erneuten Aufarbeitung der Themen anhand eines Praxisbeispiels, vielmehr werden die verschiedenen Orientierungsgehalte nacheinander genannt und unter einen gemeinsamen Rahmen gestellt. Als bisher stiller Teilnehmer der Diskussion gelingt es *Jm* die Elaborationen seiner Vorredner*innen zusammen-zufassen und den Orientierungsrahmen „Kultursensible Gestaltung von Arbeits-beziehungen" der Gruppe darzustellen. So wird im Beitrag noch einmal die nö-tige Sensibilität für Differenz herausgearbeitet („wir gehn immer wertschätzend rein, diplomatisch sein" Pos. 370), wobei die Autonomie und der Expert*innen-status der Adressat*innen anerkannt wird („nicht als Erzieher ich erzieh euch jetzt so rein zu gehn. sondern sich erstmal da hinzusetzen und anzuhören was die Eltern und die Kinder beschäftigt" Pos. 371-373).

372 Jm: […] sondern sich erstmal da hinzusetzen und anzuhören was die
373   Eltern und die Kinder beschäftigt und den Menschen dann
374   einfach zu zeigen, sie können hier mit jemanden reden und
375   der bewertet das nicht; der hört zu? ja wir hören einfach
376   erstmal zu. und ich glaub des ist auch wenns kulturelle
377   Unterschiede gibt die wir nicht durch gut nachvollziehen
378   können im ersten Moment, isch des auch eine gute
379   Herangehensweise für den Anfang. im Nachhinein kann man sich
380   dann ja immer noch speziell zu der Familie auch informieren.

Durch die Betonung des „Nicht-Bewehrtens" und Doppelung des „Zuhörens" (Pos. 375) wird vor allem die neugierige Haltung des Nicht-Wissens als ganz wesentliche „Herangehensweise für den Anfang" (Pos. 379) der Beziehungsge-staltung herausgestellt. Der tatsächliche Erwerb von Wissen folgt erst im Verlauf der Beziehungsarbeit, denn „im Nachhinein kann man sich dann ja immer noch speziell zu der Familie auch informieren" (Pos. 379-380). Wissen als Vorausset-zung von Verstehen und anschließender passender Handlung wird auch hier angeführt:

393 Jm: […] und sich auch die Geschichte der Familie anschaun um da
340   richtig drauf reagieren zu können. und auch zu wissen ok,
341   (2) was braucht die Familie und (2) ja wie kann ich am
342   besten auf se eingehen,

Auffällig in der Konklusion ist die Rahmung der Orientierungsgehalte vor der Be-dingung „wenns kulturelle Unterschiede gibt die wir nicht durch gut nachvollzie-hen können im ersten Moment" (Pos.376-378). So gibt *Jm* zu bedenken, dass die von der Gruppe ausgearbeitete Haltung in jeder Familie unabhängig des kul-turellen Hintergrunds gültig sind.

367 Jm: Ich glaub ähm es hat die Frage hat jetzt nicht
368   unbedingt mit dem kulturellen Hintergrund zu tun sondern des
369   kann man allgemein in unserer Arbeit mit Familien anwenden.

Hier kann einerseits das bereits herausgearbeitete Kulturverständnis der Gruppe dokumentiert werden, dass mögliche kulturelle Differenz nicht an nationalen Grenzen oder Migrationsgeschichten festmacht, sondern vielmehr jeder Familie eine eigene Familienkultur zuschreibt. Andererseits findet sich durch die Betonung „wenns kulturelle Unterschiede gibt" ein Hinweis auf die Gefahr einer Kulturalisierung von Differenzen. Diese Orientierung rahmt die anderen Orientierungen neu ein und verweist noch einmal auf die nötige Reflexion der Fachkräfte in der Beziehungsgestaltung. Nach dem langen Redebeitrag kommt es zu einer Pause und keiner erneuten Wortmeldung aus der Gruppe. Das Thema scheint abschließend und für alle passend in der Konklusion zu Ende gekommen zu sein.

Wie herausgearbeitet werden konnte, vertritt die Gruppe eine sehr kultursensible Haltung in Bezug auf die Gestaltung von Arbeitsbeziehungen und kann so kulturspezifische Momente gelingend gestalten.

Nachdem nun das Kulturverständnis und der Habitus der Gruppe in der Gestaltung von Arbeitsbeziehungen mit Adressat*innen aus anderen kulturellen Kontexten dargestellt wurde, ist es interessant zu betrachten, wie vor diesem Hintergrund der Einsatz von VHT bewertet wird. Angestoßen durch die Interviewerin diskutiert die Gruppe in der dritten Passage deshalb über den Einsatz von VHT in der eigenen Praxis. Die Gruppe kommt dabei zu drei Konklusionen:

- „VHT wirkt positiv auf die Gestaltung von Arbeitsbeziehungen"
- „VHT wirkt positiv im Familien-System"
- „Das Medium Video wirkt positiv in Kulturkontakten"

An dieser Stelle soll darauf hingewiesen werden, dass sich mit der Bezeichnung „Wirkung" auf die von den Fachkräften festgestellten Verbesserungen und Weiterentwicklungen der Praxis bezogen wird, wodurch es sich um subjektive Einschätzungen der Befragten handelt. Für eine ausführliche Diskussion zum Thema „Wirkung" im Zuge der aktuellen Wirkungsdebatte als Ausdifferenzierung der Entwicklung des systematischen Qualitätsmanagements sei auf weiterführende Literatur verwiesen (Burmester und Wohlfahrt 2018; AWO Bundesverband e.V. 2017; Dregger 2020).

Ähnlich wie bei der Diskussion um die kultursensible Gestaltung von Arbeitsbeziehungen, kommt es aufgrund des gemeinsamen konjunktiven Erfahrungsraums der Gruppe zu einem parallelen Diskurs mit homologen Orientierungsgehalten. Deutlich wird die durchweg positive Einstellung der Gruppe zur Methode.

So werden auch hier anhand von Erfahrungsberichten aus der Praxis aufeinander aufbauend zunächst die verschiedenen erlebten Wirkweisen von VHT dargelegt. Auffällig ist, dass für die Gruppe in diesem Punkt anscheinend keinerlei Diskussions- oder Aushandlungsbedarf besteht. Die Propositionen der Sprecher*innen sind somit zugleich auch Konklusionen, die in anderen Erzählungen validiert und zum Teil wortgleich wiederholt werden. Der Diskursverlauf gestaltet sich anhand einer Aneinanderreihung von Wirkweisen, die thematisch unterteilt werden können in „Wirkung auf die Arbeitsbeziehung" und „Wirkung im System Familie". Dabei wird aufgrund des homologen Diskursverlaufs primär eine inhaltliche Analyse der Passage aufgezeigt und nur vereinzelt auf die reflexive Interpretation zurückgegriffen. Die herausgearbeiteten Wirkweisen werden dabei anhand von Fachliteratur ergänzt, um für die nachfolgende Beantwortung der Forschungsfrage ein umfassendes Bild zu erhalten.

Eine Orientierung, die sich durch alle Erzählungen zieht, kann als „VHT als Türöffner für gelingende Kommunikation mit den Eltern" bezeichnet werden. Im Zuge eines Kennenlernprozesses mit einer Familie durch VHT berichtet *Cm* beispielsweise: „ich fand des ein anderes Kennenlernen wie man setzt sich jetzt am Tisch zusammen und führt ein Interview und versucht ins Gespräch zu kommen. (.) das ist einfach (2) ja durch die Neugierde und durch die Offenheit seh ich, da nehm ich gleich direkt was mit, wo ich dann auch ansetzen kann." (Pos. 456-461). Inwiefern das Kennenlernen als anders empfunden wird, spricht *Cm* nicht direkt aus. Es findet sich jedoch ein Hinweis in den Reaktionen der Eltern, die auf das ungewöhnliche Setting mit Neugierde und Offenheit reagieren. So konnte durch VHT eine positive Grundhaltung zu einer ersten Kontaktaufnahme geschaffen werden, was den Beziehungsaufbau in Zukunft beeinflussen kann. *Nm* schließt: „da nehm ich gleich direkt was mit, wo ich dann auch ansetzen kann." (Pos. 460-461).

Eine weitere Proposition wird von *Df* vorgebracht, die von einer positiven Erfahrung mit einer Familie berichtet, zu der schon vor Beginn des Trainings eine Beziehung bestand. *Df* erzählt, dass „des hat nochmal den Kontakt und die Beziehung irgendwie intensiviert oder oder nochmal wirklich noch mehr positiv verstärkt" (Pos. 414-416) und führt dies auf verschiedene Gründe zurück. Zum einen werden der Familie gelingende Situationen im Video fokussiert (Pos. 418-419), was auf die starke Ressourcenorientierung der Methode zurückzuführen ist. Die Fachkraft fungiert so als „Botschafter über das Video wie gut die das eigentlich machen." (Pos. 417-418) und betont dies explizit. Die Interpretationsmöglichkeit „erhabene Botschafter*in als Verkünderin der guten Nachricht", wird jedoch sogleich eingeschränkt mit dem Hinweis, dass die Botschafter*innentätigkeit eine reine Mittler*innentätigkeit darstellt. So erleben die Familien positive Momente nicht nur aufgrund der Fachkraft, den die ist zwar „diejenige dies aufgenommen hat aber gemacht haben se=s ja selber." (Pos. 420-421). Die Orientierungen der Proposition lassen sich demnach wie folgt zusammenfassen: VHT intensiviert aufgrund der Ressourcenorientierung die Arbeitsbeziehung zu den Adressat*innen. Das Lernen am eigenen Modell wirkt positiv im Familiensystem.

Ef validiert *Dfs* Sichtweisen und fügt hinzu, dass durch die Ressourcenorientierung, die die Fachkraft in die Beziehung mit einbringt, auch ein Perspektivwechsel im Familiensystem stattfindet: „weil wir ja die gelungenen Momente zeigen. und ähm Menschen oft gewöhnt sind dass wenn da jemand kommt, dass man oft auf das hin weißt was noch nicht so läuft und eher ähm guckt, wo muss es noch Veränderung geben. und die Eltern oft gar nicht glauben können; dass es jetzt wirklich um gelungene Momente geht und dass es einfach was Schönes ist." (Pos. 424-430). Hier wird auch noch einmal die sehr positive Orientierung der Gruppe zur Methode deutlich, die als „einfach was Schönes" (Pos. 430) bezeichnet wird. *Ef* beschreibt den Moment, in dem Eltern verstehen, dass es um sie und um ihre Ressourcen geht, als total schön (Pos. 431-433) und essentiell für den Beziehungsaufbau. Deutlich wird hier, wie die durch die Methode eingeführten Prinzipien als positiv für den Beziehungsaufbau bewertet werden.

Cm greift die Orientierung „Perspektivwechsel" auf und differenziert sie weiter aus. Er konstatiert einen Unterschied in der Wahrnehmung der Familie von sich zu anderen Fachkräften, welche nicht mit VHT in der Familie arbeiten.

450 Cm: Also ich hab das mit ner mit ner Familie begonnen
451   Video-Home-Training zu machen; nen ganz neuen Fall gestartet,
452   weil ich dechte es ist ne gute Möglichkeit die Familie
453   kennenzulernen. und da war von Anfang an Offenheit und
454   Neugierde da. und ich hab dann im Prinzip festgestellt, dass
455   die Sicht vom Jugendamt auf diese Familie eine ganz andere
456   ist; wie ich sie in dem Moment erleb;

Die Betonung von Offenheit und Neugierde als ganz anderes Erlebnis in Bezug auf die Familie, lässt vermuten, dass die Sicht des Jugendamts deutlich negativer und defizitorientierter ist. VHT ermöglicht somit auch der Fachkraft einen Perspektivwechsel – weg von der Problemorientierung als Hilfebeginn hin zu den Ressourcen der Familie.

Der Diskurs der Gruppe kommt an dieser Stelle kurz zum Erliegen, da alle Punkte zu den Themen „Wirkung auf die Arbeitsbeziehung" und „Wirkung im System Familie" vorgebracht zu sein scheinen und es ab hier nur noch zu reinen Wiederholungen käme. Herausgearbeitet werden konnte eine durchweg positive Haltung in Bezug auf die Wirkung der Methode, die sich in zwei Orientierungsgehalte zusammenfassen lässt: „VHT wirkt positiv auf die Gestaltung von Arbeitsbeziehungen" und „VHT wirkt positiv im Familien-System".

Die Interviewerin greift nun noch einmal das allgemeine Thema „Wirkung von VHT" auf und stellt eine Frage mit propositionalem Gehalt zu den möglichen Wirkungen des Mediums Video als Spezifikum von VHT mit Familien aus unterschiedlichen kulturellen Kontexten. So wird ein Bogen zum Anfang der Diskussion geschlagen und die Gruppe erhält noch einmal die Chance, über das Thema Kultur in der eigenen Praxis nachzudenken. Durch alle daraufhin folgenden Beiträge zieht sich die Orientierung „Video als Reflexionsmoment". *Bf* elaboriert beispielsweise:

476 Bf: Wenn man einfach en Medium hat, wo was festhält, wo
477   man dann in der Rückschau gemeinsam nochmal über Situationen
478   (2) objektiv drauf einen Blick werfen kann und drüber
479   sprechen kann. (2) ⌊ °ja°.

Die im Bild festgehaltenen Bilder ermöglichen es der Fachkraft und auch den Eltern die Situation mit Abstand noch einmal zu betrachten. Deutlich wird der Verweis auf die Objektivität die dadurch noch einmal gesteigert wird. *Im* greift die Orientierung „Video als Reflexionsmoment" auf, validiert diese und differenziert das Thema „Objektivität" weiter aus.

480 Im: Durch die ⌐ Aufnahme der Situation hat man eben halt
481   immer wieder die Möglichkeit aus verschiedenen Brillen
482   bestimmte Sachen nochmal zu betrachten und anzuschauen. das
483   hilft uns dazu natürlich bestimmtes Verhalten auch nochmal
484   versuchen zum einen zu verstehen und zum anderen auch
485   nochmal mit dem Gegenüber abzugleichen. Und ich glaub das
486   ist auch ein Vorteil dafür dass man sich nicht ein Urteil
487   bildet und entsprechend so sein Handeln nachher (2) ja sein
488   Handeln entsprechend so zeigt, sondern es hilft einem da
489   glaub ich schon im Versuch die Realität abzubilden. ⌐

Es besteht die Möglichkeit, die Interpretation der Aufnahmen mit dem Gegenüber noch einmal abzugleichen. Der Verweis auf die verschiedenen Brillen, die dabei aufgesetzt werden können, verdeutlicht noch einmal die kultursensible Haltung der Gruppe, die bereits ausgearbeitet wurde. Die Fachkraft wird im Prozess nicht als allwissend verstanden, vielmehr müssen die verschiedenen vorhandenen Bedeutungskomplexe zusammen mit den Eltern besprochen werden, mit dem Ziel Handeln zu verstehen. Das Video kann dabei als Versuch verstanden werden, die objektive Realität festzuhalten, und dient als Reflexions- und Austauschgrundlage im Prozess. Die Fachkraft schätzt dies als positiv ein, um möglicher Kulturalisierung in der Beziehungsarbeit entgegenzuwirken.

Das Thema „Abbildung der Realität" wird daraufhin von der Gruppe weiter aufgegriffen und in einem antithetischen Diskurs weiter ausgeführt. *Ef* propositioniert, dass das Filmen von lebensechten Situationen (Pos. 491) einen Vorteil bringt, die Lebensrealität der Familie besser kennen und verstehen zu lernen. Die Proposition wird von ihr in einer Antithese jedoch gleich wieder eingeschränkt, indem sie darauf verweist, dass die aufnehmende Person im Raum auch zu verstelltem Verhalten seitens der Familie führen kann (Pos. 506-507). Die beiden Gegenhorizonte werden im Diskurs weitergetragen und kommen durch *Df* zu einer Konklusion.

522 Df: Aber des ist ⌐ find ich jetzt überhaupt nicht so
523   schlimm. ((lacht)) Weil des kann ja auch nen sehr positiven
524   Effekt ham dass die Leute dann auf der Kamera oder in der
525   Aufnahme sehn Oh? da hab ich irgendwie noch dafür gesorgt
526   dass es in Ordnung war. und vielleicht gefällts denen ja
527   auch; also des find ich jetzt gar net so schlimm;

Hier wird die Möglichkeit einer verstellten Situation erkannt aber vor einen neuen Rahmen gesetzt.

527 Df: […] eher denk
528   ich manchmal dass die Leute dann schon diese Scheu ham sich
529   vor der Kamera zu zeigen und da ziemlich gehemmt sind. also
530   des isch so die Schwierigkeit; dass halt die Leute ham. und
531   man muss diesen ersten Schritt, den muss man halt schaffen.

532	sie davon zu überzeugen dass es einfach in Ordnung ist so
533	wie se sind. und wenn se sich auch rausputzen wollen, sich
534	zurecht machen wollen, ist das ja auch in Ordnung. aber
535	dieser Erste dieses erste ja sie können mich jetzt aufnehmen,
536	der muss halt geschehen. und des trauen sich net alle.

Sich vor der Kamera bestmöglich zu zeigen kann auch hier einen positiven Effekt im Sinne von Lernen am eigenen Modell auf die Eltern haben. *Df* deutet verstelltes Verhalten dabei auch als mögliche Hemmungen vor der Kamera seitens der Familie und verweist auf die Notwendigkeit einer offenen und annehmenden Haltung seitens der Fachkräfte.

Herausgearbeitet werden konnten auf der inhaltlichen Ebene verschiedene Wirkweisen von VHT, die abschließend zusammengefasst dargestellt werden sollen:

VHT wirkt positiv auf die Gestaltung von Arbeitsbeziehungen

- VHT fungiert als Türöffner für gelingende Kommunikation mit den Eltern.
- VHT schafft eine positive Grundhaltung für die erste Kontaktaufnahme.
- VHT intensiert aufgrund der Ressourcenorientierung die Arbeitsbeziehung zu den Eltern.

VHT wirkt positiv im Familien-System

- Das Lernen am eigenen Modell verstärkt den Lern-Effekt bei den Eltern.
- Der Perspektivwechsel wirkt im gesamten Familien-System.

Das Medium Video wirkt positiv in Kulturkontakten

- Das Video kann als Reflexions- und Austauschgrundlage verwendet werden.
- Die Abbildung der Realität erzeugt Objektivität anhand der die verschiedenen vorhandenen (kulturellen) Bedeutungskomplexe besprochen und ausgehandelt werden können, wodurch Kulturalisierung in der Beziehungsarbeit entgegengewirkt werden kann.

10 VHT als methodischer Zugang zur kultursensiblen Gestaltung von Arbeitsbeziehungen

Im Folgenden soll nun überprüft werden, inwieweit VHT die kultursensible Gestaltung von Arbeitsbeziehungen unterstützt und dabei

- die gesellschaftlichen Rahmenbedingungen der Globalisierung und steigenden kulturellen Diversität aufgreift und sich an den festgestellten Bedarfen orientiert.
- die Interventionsziele an diesen Bedarfen ausrichtet.
- die Erfordernisse des Arbeitsfelds der Hilfen zur Erziehung und der institutionellen Rahmenbedingungen berücksichtigt.

- situativ anpassbar ist und nicht auf eine technokratische Standardisierbarkeit abzielt.
- die Familien als Adressat*innen in den Mittelpunkt stellt.

Hierfür werden die Ergebnisse der Gruppendiskussion mit Erkenntnissen aus der Fachliteratur ergänzt, um eine umfassende Beantwortung der Forschungsfrage zu ermöglichen.

Wie bereits ausführlich erläutert, werden in einer sich immer schneller verändernden Gesellschaft Kompetenzen zu gelingender Kommunikation sowie Interaktion auch vor dem Hintergrund möglicher Differenzen immer wichtiger. VHT stellt den Erwerb dieser Kompetenzen in den Mittelpunkt der Methode und bietet so einen Weg den dargestellten Anforderungen und Veränderungen der Gesellschaft zu begegnen (Kennedy 2011: 22). Fachkräfte und Familien erlernen durch VHT eine wertschätzende, partizipative Kommunikations- und Beziehungskultur und wertvolle Kompetenzen im Umgang mit Vielfalt und Unterschiedlichkeit. Fachkräfte können durch die Arbeit mit VHT Einfluss auf die Weise nehmen, wie Kommunikation und Interaktion in Familien gestaltet wird (Räder 1999b: 446). Durch den Bezug auf das Kontaktritual und die fünf Prinzipien der Basiskommunikation als kulturunabhängige Grundstruktur jedes zwischenmenschlichen Kontaktes kann VHT mit Menschen aller Kulturen durchgeführt werden (Genkova 2012: 34). VHT stellt dabei die Familien als Adressat*innen in den Mittelpunkt und wirkt auf mehrfache Weise positiv auf die Arbeitsbeziehung und im Familiensystem.

Zunächst kann konstatiert werden, dass VHT als „Türöffner" für gelingende Kommunikation und Beziehungsarbeit zu den Eltern verwendet werden kann. Fachkräfte berichten von einem „anderen" und tieferem Kennenlernen der Familie durch die Methode. Dies kann zum einen daran liegen, dass zu diesem Zeitpunkt schon ein erstes „Ja" zur Kontaktaufnahme seitens der Eltern geschehen sein muss, um ein Video einer Alltagssituation aufgenommen zu haben. Zum anderen kann es darauf zurückzuführen sein, dass visuelle Medien die Aufmerksamkeit auf andere Art und Weise binden als Medien, die beispielsweise den Gehörsinn ansprechen. Das Sehen bedarf der Hinwendung, während Hören auch bei einer dem Gegenüber abgewendeten Haltung möglich ist (Förster 2008: 332). Anders als in einem „klassischen" Kennenlern-Setting im Gespräch, entsteht durch das gemeinsame Anschauen der Bilder so automatisch eine gegenseitige Hinwendung von Fachkraft und Eltern. Auch Kreuzer (1999b: 199) führt an, dass durch die Verwendung von Video als Feedbackinstrument eine große Kongruenz zwischen Trainer*n und Adressat*in erreicht werden kann. Dies schafft eine positive Grundhaltung für den Beziehungsaufbau mit den Eltern.

Nach Kreuzer (1999b: 178) entsteht durch die Kongruenz ein sogenannter „Dialogeffekt", da im intensiven Austausch über die Bilder viele Dinge verständlicher und klarer werden. Darüber hinaus kann der Bezug auf die Bilder die Kommunikationsspielräume bei sprachlichen Verständigungsschwierigkeiten bis zu einem gewissen Grad erweitern (Gaitanides 2014b: 76). So entsteht ein „Veröffentlichungseffekt", da Neues entdeckt werden und offen über Themen gesprochen werden kann, die bisher verschwiegen oder nicht beachtet wurden. Das Video kann dabei als Versuch verstanden werden, die objektive Realität festzuhalten. Durch das Bild als Richtwert, als das „Offensichtliche", werde vom Gleichen und über das Gleiche gesprochen (Cross und Kennedy 2011: 60).

> „Viewing the video sequences together provides a simultaneous, common reference point for parents and therapists, since they are seeing and describing the same course of events 'in real time'." (Balldin, Fisher und Wirtberg 2018: 2)

Schepers und König (2000: 26) ergänzen, dass Bilder nicht veränderbar sind und Inhalte so stets nachvollziehbar und überprüfbar vermittelt werden können. „[Denn] sehen ist glauben. [...] [Und nur] indem wir uns selbst wahrnehmen, mit Hilfe eines Video, haben wir den Eindruck, an dem teilzunehmen, was wir sehen" (Schepers 1999: 109). Auch dos Santos und Brazotto (2017: 3) sehen einen Vorteil darin, dass das Video der Fachkraft ermöglicht, die Intervention objektiver zu gestalten.

Gottuck u.a. (2019: 4) verweisen jedoch auf die Gefahr, davon auszugehen, dass „das Visuelle einen rational-objektiven Zugang zur Welt verbürge."

> „Sehen, sowohl im konkreten, visuellen Sinne als auch in seiner metaphorischen Bedeutung als Wahrnehmen, Erkennen und Verstehen stellt eine Praxis der Produktion von Erkenntnis dar. Sehen etabliert also einen spezifisch sinnhaften, standortrelativen und auch selektiven Zugang zu Welt." (Gottuck u.a. 2019: 6)

Die Interpretation der Videoaufnahmen enthält demnach auch immer eine Aussage über die kulturellen Bedeutungskomplexe der*desjenigen, die*der sie macht und kann different ausfallen, trotz der objektiven Interpretationsgrundlage des Bildes. In jedem Prozess der Interaktion und Kommunikation findet deshalb auch immer eine Suche nach Bedeutung und Verstehen statt, um eigene Wahrnehmungs-, Denk- und Handlungsweisen anzupassen und in eine gelingende Beziehung zu treten (Hegemann und Oesterreich 2009: 41). Die Abbildung der Realität durch das Video erzeugt Objektivität, anhand der die verschiedenen vorhandenen (kulturellen) Bedeutungskomplexe besprochen und ausgehandelt werden können (Cross und Kennedy 2011: 60) .

Dafür bietet die Methode viele Reflexionsmöglichkeiten, wobei vor allem das Video als Medium neue Wege eröffnet, über die eigenen Bedeutungskomplexe nachzudenken. Die festgehaltenen Bilder ermöglichen es der Fachkraft und auch den Eltern, die Situation mit Abstand noch einmal zu betrachten, und es besteht die Möglichkeit die Interpretation der Aufnahmen mit dem Gegenüber noch einmal abzugleichen. Die Fachkraft wird im Prozess nicht als allwissend verstanden, und differentes Erziehungsverhalten wird nicht als „besser" oder „schlechter" deklariert. Vielmehr müssen die verschiedenen vorhandenen Bedeutungskomplexe zusammen mit den Eltern besprochen werden, mit dem Ziel,

Handeln zu verstehen. Die Mündigkeit der Adressat*innen wird so anerkannt, und diese werden als Expert*innen ihres eigenen Lebens und ihrer Kultur gesehen. VHT unterstützt so die kultursensible Gestaltung von Arbeitsbeziehungen indem Fachkräften die Möglichkeit eröffnet wird, Differenzen zu erkennen, offen darüber zu sprechen und so die eigenen Bedeutungskomplexe zu reflektieren. Das Video dient dabei als Reflexions- und Austauschgrundlage für sowohl Fachkraft als auch Adressat*in.

Durch das Filmen von lebensechten Situationen kann die Lebensrealität der Familie besser kennen- und verstehen gelernt werden. „Wissen" über die Kultur des Gegenübers wird im Gespräch direkt durch die Familie erlangt, wodurch einer unreflektierten Kulturalisierung in der Beziehungsgestaltung entgegengewirkt werden kann.

Der intensive Austausch und die Aushandlung gemeinsamer Bedeutungskomplexe führt zu einem „Erklärungseffekt", da bisher unverständliche Problemlagen und Situationen eine Erklärung erhalten. Viele Eltern verspüren dadurch einen „Entlastungseffekt", da sie im VHT ihre aktuellen Sorgen und Probleme einbringen können und ihre Sichtweisen wertgeschätzt werden (Kreuzer 1999b: 179). Durch das Schaffen einer Atmosphäre aus Respekt und Akzeptanz wird das Selbstwertgefühl eines jeden Familienmitglieds gehoben, und Kinder bekommen Raum, sich angemessen zu entwickeln und zu wachsen (Kreuzer 1999b: 177).

So wirkt das Video wie eine Lupe auf gelingende Alltagssituationen. Die explizite Ressourcenorientierung der Methode zieht eine Bewusstseinsänderung und einen Perspektivwechsel sowohl der Fachkräfte als auch der Eltern nach sich, weg von den Problemen und Defiziten, hin zu den Stärken und positiven Momenten (Schepers 1999: 113; Cross und Kennedy 2011: 61). Kreuzer (1999a: 375) stellt fest: „VHT hat Züge von Selbsterfahrung, die sich eng auf die ‚Kontaktprinzipien' beziehen und über das Medium Video als Hilfsmittel verstärkt werden." Durch das Training kommt es so zu einem „Einstellungseffekt", da sich Sichtweisen auf bestimmte Situationen oder Verhaltensweisen verschieben und es so durch Einüben von Verhaltensalternativen zu allgemeinen Verhaltensänderungen kommt. Eltern sehen sich in den ausgewählten Bildausschnitten in gelingenden Kontaktmomenten und werden aktiv in deren Analyse miteinbezogen. Das aus der Analyse Erfahrene bildet dann die Basis für das Ausprobieren alternativer Verhaltensweisen und für die Weiterentwicklung der Kommunikationsweisen in der Familie (Schepers und König 2000: 26).

> „It is important to emphasize that VIG [Video Interaction Guidance] does not propose that professionals teach parents how to interact with their children, but rather how to learn from their own experience, leading them to reflection." (Dantas dos Santos und Brazorotto 2017: 3)

Durch das Lernen am eigenen Modell berühren die Aufnahmen der Alltagssituationen die Erlebniswelt der Eltern tiefgreifend und führen zu einer Bewusstseinsmachung der eigenen Ressourcen und Kompetenzen, anders als durch ein reines Anleitungs- oder Instruktionsvideo (Schepers und König 2000: 26, 97-99;

Kennedy 2011: 25). Durch die beschriebenen Effekte kommt es zu einer Steigerung der Selbstwirksamkeitserwartung der Eltern, welche sich positiv verstärkend auf deren neu erlerntes Kommunikations- und Erziehungsverhalten auswirkt (Cross und Kennedy 2011: 63). Als gefestigte Persönlichkeiten können die Eltern positiv Einfluss auf das gesamte System Familie nehmen und dieses stabilisieren. Bessere Kontakte und Abstimmung zwischen den Familienmitgliedern ermöglichen einen regen Austausch und lassen eine Wohlfühlatmosphäre innerhalb des Familiensystems entstehen. So werden störendes Verhalten und aufkommende Problemsituationen nicht mehr als allesbeherrschend und man selbst nicht als ohnmächtig erlebt. Stattdessen können schwierige Momente vom Familiensystem gemeinsam konstruktiv gelöst werden (Kreuzer 1999b: 177; Dekker 1994: 60).

> „Soziale Beziehungen, das ist heute keine Frage mehr, fördern Gesundheit und Wohlbefinden, Rückhalt und Hilfe in Belastungssituationen und helfen, Krisen und Störungen sowie Lebensübergänge zu überwinden." (Gahleitner 2020: 9)

VHT macht sich hier die für das Arbeitsfeld der Erziehungshilfen typische Netzwerkförmigkeit von Arbeitsbeziehungen zu nutze. Durch den sogenannten „Netzwerkeffekt" wirkt das neue Beziehungsverhalten der Eltern im gesamten Familien-System und strahlt auch positiv auf die Arbeitsbeziehung zurück, wodurch sie die Arbeitsbeziehung im Prozess weiterentwickeln kann (Kreuzer 1999b: 179). Aufgrund der starken Alltags- und Lebensweltorientierung der Methode, können die beschriebenen Effekte innerhalb der Familie nachhaltig wirken und bleiben auch nach Beendigung des Trainings erhalten (Heimbürger 1994: 11).

Abschließend kann also festgestellt werden, dass VHT die gesellschaftlichen Rahmenbedingungen der Globalisierung und der steigenden kulturellen Diversität berücksichtigt, sich an den festgestellten Bedarfen orientiert und die Interventionsziele daran ausrichtet. Die Familien als Adressat*innen – genauer die Eltern – stehen dabei im Mittelpunkt der Methode. Vor allem durch die Verwendung des Mediums Video als Reflexions- und Austauschgrundlage bietet VHT vielfältige Unterstützung für die kultursensible Gestaltung von Arbeitsbeziehungen. Wie bereits erläutert, verhalten sich Individuen entsprechend ihrer Auffassung von Kultur und reproduzieren somit die implizierten Überzeugungen (vgl. Kapitel 2.4). Wie anhand der Gruppendiskussion herausgearbeitet werden konnte, ist es demnach essentiell, dass Fachkräfte ein für die Hilfen zur Erziehung passendes Kulturverständnis mitbringen, um die Chancen der Methode nutzen zu können. Die Methode baut auf den spezifischen Bedingungen von Arbeitsbeziehungen in den Erziehungshilfen auf und ist, wie ebenfalls durch die Ergebnisse der Gruppendiskussion verdeutlicht, situativ anpassbar und zielt somit nicht auf eine technokratische Standardisierbarkeit ab.

11 Fazit und Ausblick – Institutionen in der Verantwortung

Mit Blick auf die vorliegende Arbeit sollen abschließend die zentralen Erkenntnisse zusammengefasst (vgl. Abb. 2) und ein Ausblick für die Professionalisierung der Hilfen zur Erziehung gegeben werden.

Zusammenfassend kann festgestellt werden, dass sich aus der Globalisierung und der in diesem Zuge aufkommenden Veränderungen der Gesellschaft für die Erziehungshilfen vielfältige Herausforderungen ergeben. Kultur zieht sich dabei als roter Faden sowohl durch die Diskurse als auch die Praxis der Kinder- und Jugendhilfe (vgl. Kapitel 2). Themen der Vielfalt, Differenz und Kultur werden immer wichtiger, und die Kinder- und Jugendhilfe muss sich darin verorten und für sich geeignete Begriffsdefinitionen finden, um an den öffentlichen Diskursen teilnehmen zu können und Gesellschaft und die eigene Praxis zu gestalten (Goebel 2015: 137). Auch Kalpaka und Mecheril (2010: 93) verweisen auf die Notwendigkeit, sich mit den Diskursen um Kultur auseinanderzusetzen:

> „Eine der zentralen Aufgaben professionellen Handelns in der Migrationsgesellschaft besteht darin, die verwendeten Kategorien und Begriffe samt ihren Wirkungen zu beobachten. [...] Es geht darum, zum Thema zu machen, unter welchen - gesellschaftlichen, institutionellen, interaktionellen – Bedingungen »Kultur« [!] zum Einsatz kommt." (Kalpaka und Mecheril 2010: 93)

Je mehr sich der Blick dadurch weitet, desto stärker kann sich die Praxis an sozialen Wirklichkeiten orientieren, wodurch ein Beitrag zur Professionalisierung des Berufsfelds geleistet wird (Ludwig und Chris 2014: 420; Goebel 2015: 152).

Darauf aufbauend konnte herausgearbeitet werden, dass die im Zuge der Globalisierung stattfindenden Entgrenzungsprozesse auf die Lebenswelten der Adressat*innen wirken und sich dadurch vielfältige Anforderungen und Herausforderungen für die Familien ergeben (vgl. Kapitel 3). Kulturelle Diversität kann dabei Grund für Missverständnisse, Unzufriedenheiten und Konflikte sein, weshalb Kompetenzen zu gelingender Kommunikation, Interaktion sowie Reflexion immer wichtiger werden (Gahleitner 2020: 12).

Soll sich die Hilfeleistung der Kinder- und Jugendhilfe also am aktuellen Bedarf orientieren, muss ein angemessener professioneller Umgang mit kultureller Vielfalt und Differenz gefunden und Familien in ihren Lebenslagen unterstützt werden, um sie zu befähigen, den Anforderungen der Postmoderne zu begegnen (Gahleitner 2014: 57; Duhn 2018: 40). Insbesondere die Gestaltung der Arbeitsbeziehung zu den Adressat*innen als wichtigstes Instrument für den Zugang zu Adressat*innen und als Grundlage für den Hilfeprozess rückt hierbei in den Fokus (Gahleitner 2020: 12). Die Gestaltung der Arbeitsbeziehung vollzieht sich dabei im Kontext vielfältiger, arbeitsfeldspezifischer Spannungsfelder und Anforderungen (vgl. Kapitel 5). Der daraus resultierenden Nicht-Standardisierbarkeit in der Gestaltung professioneller Arbeitsbeziehungen kann der professionelle Habitus entgegengesetzt werden (vgl. Kapitel 6). Dieser setzt für die Fachkraft einen Spiel- und Interpretationsraum, in dessen Rahmen die Beziehung gestaltet werden kann, um kreativ und flexibel auf wechselnde Anforderungen reagieren und im Sinne von Werkzeugen zur „Paradoxiebewältigung" mit den dargestellten Spannungsfeldern und Ambivalenzen angemessen umgehen zu können (Bourdieu 1993: 102–104; Ebert 2012: 81; Abeld 2017: 183). Dabei arbeiten Praktiker*innen der Hilfen zur Erziehung mit Menschen verschiedenster Wertvorstellungen und kultureller Bedeutungskomplexe zusammen. Eine Arbeitsbeziehung stellt deshalb immer auch einen Kulturkontakt dar und muss vor diesem Hintergrund kultursensibel gestaltet werden. Kultursensibilität als Teil des professionellen Habitus vertritt eine Haltung, die sich der Spannungsfelder und Kontroversen, in denen sie agiert und innerhalb derer sich professionelle Arbeitsbeziehungen konstruieren, bewusst ist und diese zu identifizieren und zu reflektieren weiß (vgl. Kapitel 6). Dabei determiniert Kultursensibilität als Haltung keine Vorgaben für oder gegen eine bestimmte Gestaltung von Arbeitsbeziehungen (Eppenstein und Kiesel 2008: 94-95). Wie dargestellt werden konnte, kann hier auch keine allgemeingültige Anleitung gegeben werden; vielmehr geht es um ein methodisches Vorgehen zur Unterstützung der Beziehungsarbeit.

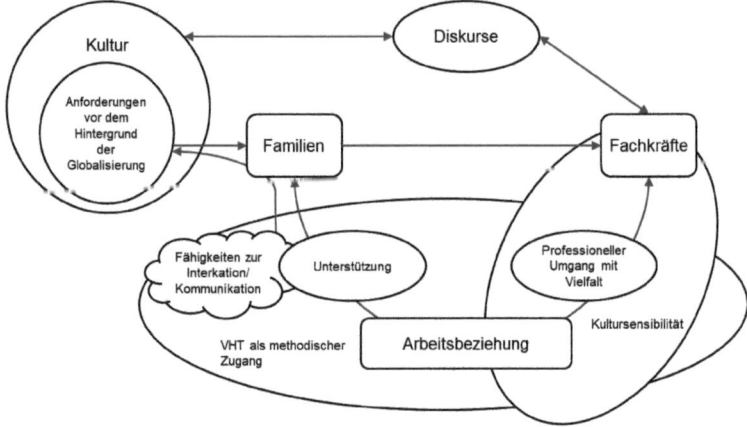

Abb. 2: Zentrale Erkenntnisse der Arbeit auf einen Blick

Im Rahmen der durchgeführten Forschung konnte gezeigt werden, dass VHT eine geeignete Methode darstellt, um die kultursensible Gestaltung von Arbeitsbeziehungen zu unterstützen (vgl. Kapitel 10). Durch die Verwendung des Mediums Video als Reflexions- und Austauschgrundlage, bietet VHT hier vielfältige Möglichkeiten. Dennoch ist es von großer Bedeutung, dass Fachkräfte ein für die Hilfen zur Erziehung passendes Kulturverständnis mitbringen, um die Chancen der Methode nutzen zu können.

Die in dieser Arbeit durchgeführte dokumentarische Interpretation der Gruppendiskussion wurde aufgrund der Tatsache, dass es sich um eine einzelne Ausbildungsgruppe handelt nicht bis zum fünften, letzten Auswertungsschritt durchgeführt. So wären beispielsweise noch weitere Untersuchungen in anderen Ausbildungsgruppen interessant, um im Rahmen einer fallübergreifenden komparativen Analyse und anschließenden Typenbildung die unterschiedlichen Kulturbegriffe und Haltungen der Gruppen in Bezug auf die Gestaltung von Arbeitsbeziehungen herauszuarbeiten und zu vergleichen, inwieweit die auf dieser Basis evaluierte Wirkung von VHT differiert. Da die empirische Datenlage zum Themenkomplex Wirkung von VHT allgemein eher ungenügend ausfällt (Kreuzer 1999a: 410), soll an dieser Stelle dazu aufgerufen und ermutigt werden, sich mit dem Thema auseinanderzusetzen und weiterführende Forschung bspw. auch im Sinne von Adressat*innenforschung zu betreiben. Die aus der Forschung gewonnenen Erkenntnisse zur Wirkung der pädagogischen Prozesse können somit eine Auswirkung auf die Gestaltung der Praxis in den Erziehungshilfen nehmen, und stellen – wie auch diese Arbeit – einen Beitrag zur Professionalisierung des Arbeitsfelds der Erziehungshilfen dar (Engelfried, Ostrowski und Schäffler 2020: 32).

Es konnte gezeigt werden, dass Beziehungsarbeit das A&O zu erfolgreichen, Umsetzung der Hilfeleistung darstellt (Gahleitner 2014: 65). Dennoch sollte nicht vernachlässigt werden, dass die „beste und reflektierteste Fachkraft […] langfristig auf verlorenem Posten [steht], ist sie nicht eingebettet in stützende institutionelle und kollegiale Strukturen (Kulturbereich) und in eine leistungsfähige, normative und unterstützende Sach- und Umwelt. Steigende Arbeitsdichte, hoher Verwaltungsaufwand, schwierigere KlientInnen oder Finanzmittelkürzungen haben selbstverständlich Einfluss auf die reellen Betreuungsbeziehungen" (Abeld 2017: 255). So hängt das Gelingen kultursensibler Arbeitsbeziehungen nicht allein von personalen Faktoren, sondern auch von den jeweils gegebenen institutionellen und politischen Rahmenbedingungen ab (Straub, Nothnagel und Weidemann 2010: 24).

Auch Borke und Keller (2021: 94) warnen vor der alleinigen Fokussierung auf die einzelne Fachkraft und sprechen hier von einem „Tropfen auf dem heißen Stein". Die Verantwortung, den in der Arbeit herausgearbeiteten, gestiegenen Anforderungen zu begegnen, darf nicht allein der Fachkraft überlassen werden. Vielmehr stehen auch die Institutionen in der Verantwortung entsprechende Strukturen für die Weiterentwicklung professionellen Handelns zu schaffen und Fachkräften Kontexte zur Verfügung zu stellen, in denen Austausch und Reflexion als eine gemeinsame pädagogische Praxis möglich sind (Kalpaka und Mecheril 2010: 94; Mecheril 2010a: 191).

Mit Blick auf die Adressat*innen rückt aktuell außerdem das Stichwort „Interkulturelle Öffnung" von Organisationen im Rahmen des Diversity-Managements in den Fokus (Gaitanides 2014a: 17–18). „Interkulturelle Öffnung" meint „die kritische Thematisierung des institutionellen und des organisatorischen Rahmens pädagogischen Handelns in der Migrationsgesellschaft" (Kalpaka und Mecheril 2010: 89). Dabei geht es um die (Um)-Gestaltung von Institutionen, sodass ihre

Funktionsweise und ihre Angebote auf die Realität einer kulturell diversen, postmodernen Gesellschaft ausgerichtet sind und es Adressat*innen unterschiedlicher kultureller Hintergründe grundsätzlich ermöglicht wird, Hilfeangebote wahrzunehmen. Thematisiert werden auch die Voraussetzungen des konkreten institutionellen Orts, an dem das pädagogische Handeln stattfindet. Nach Kalpaka und Mecheril (2010: 89–90) kann dieser Ort beispielsweise auf seine „diversitätsbewussten Eigenschaften" befragt werden:

- Ist das Team der Fachkräfte kulturell divers aufgestellt?
- Besteht ein mehrsprachiges Angebot?
- Ist die diversitätsbewusste Haltung der Institution auch nach außen erkennbar, bspw. im Rahmen von Öffentlichkeitsarbeit?

„Interkulturelle Öffnung" als (Um)-Gestaltung von Institutionen und Prozess reflexiver Organisationsentwicklung eröffnet Fachkräften neue Denk- und Handlungsspielräume für die Gestaltung eines kreativen Umgangs mit Vielfalt und erleichtert es Adressat*innen unterschiedlicher kultureller Kontexte, die angebotene Hilfe wahrzunehmen (Wahl und Ullrich 2014: 370).

Als Resümee der Arbeit lässt sich festhalten, dass die Soziale Arbeit vor dem Hintergrund der Globalisierung und der in diesem Zuge gestiegenen Anforderungen an Adressat*innen sowie Fachkräfte gefordert ist, sich in politische und gesellschaftliche Diskurse um die Kategorie „Kultur" einzumischen, ihre sozialpädagogische Perspektive einzubringen und so Veränderungen auch in der eigenen Praxis aktiv mitzugestalten (Dubois, Engelfried und Ostrowski 2020: 14). Die methodische Umsetzung der kultursensiblen Gestaltung von Arbeitsbeziehungen stellt hier einen Baustein von vielen dar. Projekte, wie das in dieser Arbeit betrachtete „VHT International", können demnach für den Bereich der Erziehungshilfen als positives Beispiel herangezogen werden.

Literaturverzeichnis

ABELD, Regina, 2017. *Professionelle Beziehungen in der Sozialen Arbeit: Eine integrale Exploration im Spiegel der Perspektiven von Klienten und Klientinnen.* Wiesbaden: Springer VS.

ABELS, Heinz, 2007. *Interaktion, Identität, Präsentation: Kleine Einführung in interpretative Theorien der Soziologie.* 4. Auflage. Wiesbaden: VS Verlag für Sozialwissenschaften.

ABELS, Heinz, 2020. *Soziale Interaktion.* Wiesbaden: Springer Fachmedien Wiesbaden.

ABU-LUGHOD, Lila, 1991. Writing Against Culture. In: Richard Georg Thomas FOX, Hrsg. *Recapturing anthropology: Working in the present.* 3. Auflage. Santa Fe: School of American Research Press, 137-162.

ASBRAND, Barbara, 2011. *Dokumentarische Methode* [Online-Quelle] [Zugriff am 10.05.2021]. Verfügbar unter: http://www.fallarchiv.uni-kassel.de/backup/wp-content/plugins.old/lbg_chameleon_videoplayer/lbg_vp2/videos//asbrand_dokmethode_ofas.pdf

ASENDORPF, Jens, Reiner BANSE und Franz J. NEYER, 2017. *Psychologie der Beziehung.* 2., vollständig überarbeitete Auflage. Bern: Hogrefe.

AUTORENGRUPPE KINDER- UND JUGENDHILFESTATISTIK, 2021. *Kinder- und Jugendhilfereport Extra 2021* [Online-Quelle]: *Eine kennzahlenbasierte Kurzanalyse [Zugriff am 26.04.2021]. Verfügbar unter:* http://www.akjstat.tu-dortmund.de/fileadmin/user_upload/Kinder-_und_Jugendhilfere-port_Extra_2021_AKJStat.pdf

AWO BUNDESVERBAND E.V., Hrsg., 2017. *Wirkungsorientierung* [Online-Quelle]: *Arbeitshilfe für Qualitätsmanagement-Beauftragte in der AWO [Zugriff am 07.06.2021]. Verfügbar unter:* https://www.awo.org/sites/default/files/2017-12/Arbeltshilfe_Wirkungsorientierung_2_Auflage.pdf

BACHMANN-MEDICK, Doris, 2016. *Cultural turns: New orientations in the study of culture.* Berlin: De Gruyter.

BALLDIN, Stina, Philip A. FISHER und Ingegerd WIRTBERG, 2018. Video Feedback Intervention With Children: A Systematic Review. *Research on Social Work Practice.* **28**(6), 1-14.

BASÁÑEZ, Miguel, 2016. *A world of three cultures: Honor, achievement and joy.* New York: Oxford University Press.

BAYKARA-KRUMME, Helen, 2013. „Migrationshintergrund" und „Kultursensibilität": Alte und neue Anforderungen an die soziale Arbeit im Gesundheitswesen. *Forum Sozialarbeit + Gesundheit.* (2), 6-10.

BECKER-LENZ, Roland und Silke MÜLLER-HERMANN, 2013. Die Notwendigkeit von wissenschaftlichem Wissen und die Bedeutung eines professionellen

Habitus für die Berufspraxis der Sozialen Arbeit. In: Roland BECKER-LENZ, Stefan BUSSE, Gudrun EHLERT und Silke MÜLLER-HERMANN, Hrsg. *Professionalität in der Sozialen Arbeit: Standpunkte, Kontroversen, Perspektiven.* 3., durchgesehene Auflage. Wiesbaden: VS Verlag für Sozialwissenschaften, 203-230.

BERNZEN, Christian und Anna-Maria BRUDER, 2018. Rechtliche Grundlagen der Kinder- und Jugendhilfe. In: Karin BÖLLERT, Hrsg. *Kompendium Kinder- und Jugendhilfe.* Wiesbaden: Springer VS, 131-164.

BHABHA, Homi K., 2004. *The location of culture.* London: Routledge.

BIEMANS, Harrie und Marjan HOOGLAND, 1994. VHT - Eltern zu Hause mit Video helfen. In: SPIN DEUTSCHLAND, Hrsg. *Video-Home-Training Reader 1: Grundlagen zu Theorie und Praxis.* 1. Aufl. Düsseldorf: SPIN, 41-45.

BIEMANS, Harrie, 1994. VHT - Initiativen im Bild. In: SPIN DEUTSCHLAND, Hrsg. *Video-Home-Training Reader 1: Grundlagen zu Theorie und Praxis.* 1. Aufl. Düsseldorf: SPIN, 35-40.

BITZAN, Maria und Eberhard BOLAY, 2018. Adressatin und Adressat. In: Hans-Uwe OTTO, Hans THIERSCH, Rainer TREPTOW und Holger ZIEGLER, Hrsg. *Handbuch Soziale Arbeit: Grundlagen der Sozialarbeit und Sozialpädagogik.* 6., überarbeitete Auflage. München: Ernst Reinhardt Verlag, 42-48.

BOHLER, Karl Friedrich, 2013. Berufsethische Elemente von Professionalität in der Jugendhilfe. In: Roland BECKER-LENZ, Stefan BUSSE, Gudrun EHLERT und Silke MÜLLER-HERMANN, Hrsg. *Professionalität in der Sozialen Arbeit: Standpunkte, Kontroversen, Perspektiven.* 3., durchgesehene Auflage. Wiesbaden: VS Verlag für Sozialwissenschaften, 231-264.

BÖHNISCH, Lothar und Hans LÖSCH, 1979. Das Handlungsverständnis des Sozialarbeiters und seine institutionelle Determination. In: Hans-Uwe OTTO und Siegfried SCHNEIDER, Hrsg. *Gesellschaftliche Perspektiven der Sozialarbeit.* 3. Auflage, unveränderter Nachdruck. Neuwied: Luchterhand, 21-40.

BÖHNISCH, Lothar, Karl LENZ und Wolfgang SCHRÖER, 2009. *Sozialisation und Bewältigung: Eine Einführung in die Sozialisationstheorie der zweiten Moderne.* Weinheim: Juventa Verlag.

BOHNSACK, Ralf, 2021. *Rekonstruktive Sozialforschung: Einführung in qualitative Methoden.* 10., durchgesehene Auflage. Opladen: Barbara Budrich Verlag.

BOHNSACK, Ralf, Iris NENTWIG-GESEMANN und Arnd-Michael NOHL, 2013. Einleitung: Die dokumentarische Methode und ihre Forschungspraxis. In: Ralf BOHNSACK, Iris NENTWIG-GESEMANN und Arnd-Michael NOHL, Hrsg. *Die dokumentarische Methode und ihre Forschungspraxis: Grundlagen qualitativer Sozialforschung.* 3., aktualisierte Auflage. Wiesbaden: Springer VS, 9-32.

BÖLLERT, Karin und Hans-Uwe OTTO, 2012. Familie: Elternhaus, Familienhilfen, Familienbildung. In: Heinz-Hermann KRÜGER und Thomas RAUSCHENBACH, Hrsg. *Einführung in die Arbeitsfelder des Bildungs- und Sozialwesens.* 5., grundlegend erweiterte und aktualisierte Auflage. Opladen: Budrich, 17-33.

BÖLLERT, Karin, 2018. Einleitung: Kinder- und Jugendhilfe - Entwicklungen und Herausforderungen einer unübersichtlichen sozialen Infrastruktur. In: Karin BÖLLERT, Hrsg. *Kompendium Kinder- und Jugendhilfe.* Wiesbaden: Springer VS, 3-62.

BOLLWEG, Petra, 2018. Bildungslandschaft. In: Karin BÖLLERT, Hrsg. *Kompendium Kinder- und Jugendhilfe.* Wiesbaden: Springer VS, 1161-1180.

BORCHARDT, Ilka, 2012. Kultursensibilität in der Sozialen Arbeit – theoretische Hintergründe. In: PRO FAMILIA BUNDESVERBAND, Hrsg. *Migrations- und kultursensible Beratung in den pro familia Fortbildungen.* Frankfurt am Main: pro familia dokumentation, 6-9.

BORKE, Jörn und Heidi KELLER, 2021. *Kultursensitive Frühpädagogik.* 2., überarbeitete Auflage. Stuttgart: Kohlhammer.

BOURDIEU, Pierre und Achim RUSSER, 2018. *Die feinen Unterschiede: Kritik der gesellschaftlichen Urteilskraft.* Frankfurt am Main: Suhrkamp.

BOURDIEU, Pierre und Loïc WACQUANT, 2006. *Reflexive Anthropologie.* Frankfurt am Main: Suhrkamp.

BOURDIEU, Pierre, 1993. *Sozialer Sinn: Kritik der theoretischen Vernunft.* Frankfurt am Main: Suhrkamp.

BRAKE, Anna und Peter BÜCHNER, 2012. *Bildung und soziale Ungleichheit: Eine Einführung.* 1. Auflage. Stuttgart: Kohlhammer.

BRANDMAIER, Maximiliane, 2015. Qualitative Interviewforschung im Kontext mehrerer Sprachen: Reflexion als Schlüssel zum Verstehen. *E-Journal für biopsychosoziale Dialoge in Psychotherapie, Supervision und Beratung E-Journal für biopsychosoziale Dialoge in Psychotherapie, Supervision und Beratung.* (2), 131-143.

BRZOSKA, Patrick und Oliver RAZUM, 2009. Krankheitsbewältigung bei Menschen mit Migrationshintergund im Kontext von Kultur und Religion. *Zeitschrift für Medizinische Psychologie.* (3-4), 151-161.

BUBER, Martin, 2011. *Ich und du.* 11., durchgesehene Auflage. Stuttgart: Reclam.

BUNDESMINISTERIUM FÜR FAMILIE, SENIOREN, FRAUEN UND JUGEND, 1998. *Bericht über die Lebenssituation von Kindern und die Leistungen der Kinderhilfen in Deutschland* [Online-Quelle]: *Zehnter Kinder- und Jugendbericht* [Zugriff am 27.03.2021]. *Verfügbar unter:* https://www.bmfsfj.de/resource/blob/94550/a8463439e42a143d8fc41a4636b98f65/prm-16045-broschure-10-kinder-und-juge-data.pdf

BUNDESMINISTERIUM FÜR FAMILIE, SENIOREN, FRAUEN UND JUGEND, Hrsg., 2002. *Elfter Kinder- und Jugendbericht* [Online-Quelle]: *Bericht über die Lebenssituation junger Menschen und die Leistungen der Kinder- und Jugendhilfe in Deutschland [Zugriff am 22.03.2021]. Verfügbar unter:* https://www.bmfsfj.de/resource/blob/94598/92135291ed6ca273285998211782bfa1/prm-18653-broschure-elfter-kinder--und-j-data.pdf

BUNDESMINISTERIUM FÜR FAMILIE, SENIOREN, FRAUEN UND JUGEND, Hrsg., 2006. *Familie zwischen Flexibilität und Verlässlichkeit* [Online-Quelle]: *Siebter Familienbericht [Zugriff am 22.03.2021]. Verfügbar unter:* https://www.bmfsfj.de/resource/blob/76276/40b5b103e693dacd4c014648d906aa99/7--familienbericht-data.pdf

BURMESTER, Monika und Norbert WOHLFAHRT, 2018. *Wozu die Wirkung Sozialer Arbeit messen?: Eine Spurensicherung.* Freiburg im Breisgau: Lambertus.

CAPPAI, Gabriele, 2008. Einleitung. Die empirische Erforschung des Fremden. Ein interdisziplinärer Ansatz. In: Gabriele CAPPAI, Hrsg. *Forschen unter Bedingungen kultureller Fremdheit.* 1. Auflage. Wiesbaden: VS Verlag für Sozialwissenschaften, 9-39.

CLOOS, Peter, Stefan KÖNGETER, Burkhard MÜLLER und Werner THOLE, 2009. *Die Pädagogik der Kinder- und Jugendarbeit.* 2., durchgesehene Auflage. Wiesbaden: VS Verlag für Sozialwissenschaften.

CONEN, Marie-Luise und Gianfranco CECCHIN, 2018. *Wie kann ich Ihnen helfen, mich wieder loszuwerden?: Therapie und Beratung mit unmotivierten Klienten und in Zwangskontexten.* 6. Auflage. Heidelberg: Carl-Auer.

CROSS, Jenny und Hilary KENNEDY, 2011. How and Why does VIG Work? In: Hilary KENNEDY, Miriam LANDOR und Liz TODD, Hrsg. *Video interaction guidance: A relationship-based intervention to promote attunement, empathy and wellbeing.* London: Jessica Kingsley Publishers, 58-81.

DANTAS DOS SANTOS, Ingrid und Joseli BRAZOROTTO, 2017. *Video feedback for families of hearing impaired children* [Online-Quelle] [Zugriff am 01.10.2019]. Verfügbar unter: http://dx.doi.org/10.1590/2317-1782/20182016256

DEKKER, J. M., 1994. Video-Home-Training. In: SPIN DEUTSCHLAND, Hrsg. *Video-Home-Training Reader 1: Grundlagen zu Theorie und Praxis.* 1. Aufl. Düsseldorf: SPIN, 47-68.

DEKKER, Tinus, 1999. Entwicklung des Video-Home-Training in den Niederlanden. In: Max KREUZER und Helga RÄDER, Hrsg. *Video-Home-Training: Kommunikation im pädagogischen Alltag - Eine erprobte Methode (nicht nur) in der Familienhilfe.* 2., erweiterte Auflage. Mönchengladbach: Fachhochschule Niederrhein Fachbereich Sozialwesen, 97-108.

DEUTSCHE GESELLSCHAFT FÜR SOZIOLOGIE UND BERUFSVERBAND DEUTSCHER SOZIOLOGINNEN UND SOZIOLOGEN, Hrsg., 2017. *Ethik-Kodex der Deutschen Gesellschaft für Soziologie (DGS) und des Berufsverbandes Deutscher Soziologinnen und Soziologen (BDS)* [Online-Quelle] [Zugriff am 11.04.2021]. Verfügbar unter: https://soziologie.de/fileadmin/user_upload/dokumente/Ethik-Kodex_2017-06-10.pdf

DIRIM, İnci und Paul MECHERIL, 2018. *Heterogenität, Sprache(n) und Bildung: Eine differenz- und diskriminierungstheoretische Einführung.* Bad Heilbrunn: Verlag Julius Klinkhardt.

DO MAR CASTRO VARELA, Maria und Paul MECHERIL, 2010. Grenze und Bewegung. Migrationswissenschaftliche Klärungen. In: Paul MECHERIL, Maria DO MAR CASTRO VARELA, İnci DIRIM, Annita KALPAKA und Claus MELTER, Hrsg. *Migrationspädagogik.* Weinheim: Beltz Verlag, 23-53.

DORNHEIM, Andreas und Sylvia GREIFFENHAGEN, 2003. Einführung: Identität und politische Kultur. In: Andreas DORNHEIM und Sylvia GREIFFENHAGEN, Hrsg. *Identität und politische Kultur.* Stuttgart: Kohlhammer, 11-28.

DÖRR, Margret, 2007. Analogien und Differenzen von Heilen und Erziehen in therapeutischen und pädagogischen Beziehungen. In: Helmwart HIERDEIS und Hans Jörg WALTER, Hrsg. *Bildung, Beziehung, Psychoanalyse: Beiträge zu einem psychoanalytischen Bildungsverständnis.* Bad Heilbrunn: Klinkhardt, 135-151.

DREGGER, Sarah, 2020. *Wirkung durch Dokumentationen visualisieren: Aktuelle Herausforderungen für die Soziale Arbeit.* Baden-Baden: Tectum Verlag.

DRESING, Thorsten und Thorsten PEHL, 2018. *Praxisbuch Interview, Transkription & Analyse* [Online-Quelle]: *Anleitungen und Regelsysteme für qualitativ Forschende* [Zugriff am 08.04.2021]. *Verfügbar unter:* https://www.audiotranskription.de/wp-content/uploads/2020/11/Praxisbuch_08_01_web.pdf

DUBOIS, Isabelle, Constance ENGELFRIED und Maya OSTROWSKI, 2020. Einleitung. In: Constance ENGELFRIED, Hrsg. *Das Narrativ des Anderen kennenlernen: Wirkungsforschung in einem deutsch-jordanischen Jugendbegegnungsprojekt.* Opladen: Barbara Budrich Verlag, 11-18.

DUHN, Iris, 2018. Governing Childhood. In: Marilyn FLEER und Bert VAN OERS, Hrsg. *International handbook of early childhood education.* Dordrecht: Springer, 33-46.

EBERT, Jürgen, 2012. *Erwerb eines professionellen Habitus im Studium der Sozialen Arbeit.* Hildesheim: Olms.

ELIAS, Norbert, 1969. *Über den Prozeß der Zivilisation: Wandlungen des Verhaltens in den weltlichen Oberschichten des Abendlandes.* 2. Auflage. Bern.

ENGELFRIED, Constance, Maya OSTROWSKI und Florian SCHÄFFLER, 2020. Praxis als Ausgangspunkt für Angewandte Forschung in der Sozialen Arbeit. In: Constance ENGELFRIED, Hrsg. *Das Narrativ des Anderen kennenlernen: Wirkungsforschung in einem deutsch-jordanischen Jugendbegegnungsprojekt.* Opladen: Barbara Budrich Verlag, 22-35.

EPPENSTEIN, Thomas und Doron KIESEL, 2008. *Soziale Arbeit interkulturell: Theorien, Spannungsfelder, reflexive Praxis.* Stuttgart: Kohlhammer.

EPPENSTEIN, Thomas, 2010. Professionelles soziales Handeln in Orientierung auf kulturell Andere. In: Fabian KESSL und Melanie PLÖßER, Hrsg. *Differenzierung, Normalisierung, Andersheit: Soziale Arbeit als Arbeit mit den Anderen.* 1. Auflage. Wiesbaden: VS Verlag für Sozialwissenschaften, 96-116.

FAAS, Stefan, Sandra LANDHÄUßER und Rainer TREPTOW, 2017. *Familien- und Elternbildung stärken: Konzepte, Entwicklungen, Evaluation.* Wiesbaden: Springer VS.

FENDRICH, Sandra, Jens POTHMANN und Agathe TABEL, 2021a. *Lebenslagen der Adressat(inn)en von Hilfen zur Erziehung* [Online-Quelle]: *Migrationshintergrund [Zugriff am 26.04.2021].*

FENDRICH, Sandra, Jens POTHMANN und Agathe TABEL, 2021b. *Lebenslagen der Adressat(inn)en von Hilfen zur Erziehung* [Online-Quelle]: *Transferleistungsbezug [Zugriff am 26.04.2021]. Verfügbar unter.* http://hzemonitor.akjstat.tu-dortmund.de/kapitel-3/2-transferleistungsbezug

FÖRSTER, Till, 2008. Mediale Fremde. Afrikanisch sehen - europäisch erkennen? In: Gabriele CAPPAI, Hrsg. *Forschen unter Bedingungen kultureller Fremdheit.* 1. Auflage. Wiesbaden: VS Verlag für Sozialwissenschaften, 329-347.

FRANZ, Anja und Ana Maria SOBOČAN, 2018. Zur Rekonstruktion der Gestaltung von Arbeitsbeziehungen in der Sozialen Arbeit. In: Ralf BOHNSACK, Sonja KUBISCH und Claudia STREBLOW-POSER, Hrsg. *Soziale Arbeit und Dokumentarische Methode: Methodologische Aspekte und empirische Erkenntnisse.* Opladen: Verlag Barbara Budrich, 119-142.

FUCHS, Thomas, 2021. *Das Gehirn - ein Beziehungsorgan: Eine phänomenologisch-ökologische Konzeption.* 6. Auflage. Stuttgart: Kohlhammer Verlag.

GAHLEITNER, Silke Birgitta, 2014. Bindung biopsychosozial: Professionelle Beziehungsgestaltung in der Klinischen Sozialarbeit. In: Alexander TROST, Hrsg. *Bindungsorientierung in der sozialen Arbeit: Grundlagen, Forschungsergebnisse, Anwendungsbereiche.* Dortmund: Borgmann, 55-72.

GAHLEITNER, Silke Birgitta, 2020. *Professionelle Beziehungsgestaltung in der psychosozialen Arbeit und Beratung.* 2., überarbeitete und erweiterte Auflage. Tübingen: dgvt-Verlag.

GAITANIDES, Stefan, 2014a. Interkulturelle Öffnung - eine Querschnittsaufgabe der Kinder- und Jugendhilfe. In: Stefan GAITANIDES, Hrsg. *Interkulturelle Öffnung im Kinderschutz: Erfahrungen aus den Praxisfeldern.* Berlin: Lebens-Welt, 17-36.

GAITANIDES, Stefan, 2014b. Werkstattgespräch „Stolpersteine in Prozessen der Interkulturellen Öffnung". In: Stefan GAITANIDES, Hrsg. *Interkulturelle Öffnung im Kinderschutz: Erfahrungen aus den Praxisfeldern.* Berlin: LebensWelt, 74-76.

GALUSKE, Michael, 2013. *Methoden der sozialen Arbeit: Eine Einführung.* 10. Aufl. Weinheim: Beltz Juventa.

GALUSKE, Michael, 2018. Methoden der Sozialen Arbeit. In: Hans-Uwe OTTO, Hans THIERSCH, Rainer TREPTOW und Holger ZIEGLER, Hrsg. *Handbuch Soziale Arbeit: Grundlagen der Sozialarbeit und Sozialpädagogik.* 6., überarbeitete Auflage. München: Ernst Reinhardt Verlag.

GAUS, Detlef und Elmar DRIESCHNER, 2011. Pädagogische Liebe. Anspruch oder Widerspruch von professioneller Erziehung? In: Elmar DRIESCHNER und Detlef GAUS, Hrsg. *Liebe in Zeiten pädagogischer Professionalisierung.* 1. Auflage. Wiesbaden: VS Verlag für Sozialwissenschaften, 7-26.

GEIßLER, Karlheinz A. und Marianne HEGE, 1988. *Konzepte sozialpädagogischen Handelns: Ein Leitfaden für soziale Berufe.* 4., überarb. Aufl. Weinheim: Beltz.

GENKOVA, Petia, 2012. *Kulturvergleichende Psychologie: Ein Forschungsleitfaden.* Wiesbaden: Springer VS.

GOEBEL, Simon, 2015. "Der Deutsche ist pünktlich und trinkt Bier." Über eine thnologische Intervention in den Kulturbegriff in der Lehre Sozialer Arbeit. In: Magnus TREIBER, Nicolas GRIEßMEIER und Christian HEIDER, Hrsg. *Ethnologie und Soziale Arbeit: Fremde Disziplinen, gemeinsame Fragen?* Opladen: Budrich UniPress, 133-157.

GOTTUCK, Susanne, Irina GRÜNHEID, Paul MECHERIL und Jan WOLTER, 2019. Sehen (ver)lernen: Einführende Anmerkungen. In: Susanne GOTTUCK, Irina GRÜNHEID, Paul MECHERIL und Jan WOLTER, Hrsg. *Sehen lernen und verlernen: Perspektiven pädagogischer Professionalisierung.* Wiesbaden: Springer VS, 1-24.

HALL, Stuart, 1994. *Rassismus und kulturelle Identität: Ausgewählte Schriften 2.* Hamburg: Argument Verlag.

HAMBURGER, Franz, 2018. *Abschied von der Interkulturellen Pädagogik: Plädoyer für einen Wandel sozialpädagogischer Konzepte.* 3., durchgesehene und erweiterte Auflage. Weinheim: BeltzJuventa.

HEGEMANN, Thomas und Cornelia OESTEREICH, 2009. *Einführung in die interkulturelle systemische Beratung und Therapie*. 1. Auflage. Heidelberg: Carl-Auer.

HEIMBÜRGER, Udo, 1994. Eltern zu Hause mit Video helfen: Eine Kurzerläuterung zum VHT. In: SPIN DEUTSCHLAND, Hrsg. *Video-Home-Training Reader 1: Grundlagen zu Theorie und Praxis*. 1. Aufl. Düsseldorf: SPIN, 9-11.

HEIMERDINGER, Timo, 2020. Habitus. In: Timo HEIMERDINGER und Markus TAUSCHEK, Hrsg. *Kulturtheoretisch argumentieren: Ein Arbeitsbuch*. Münster: Waxmann, 154-184.

HEIN, Kerstin, 2006. *Hybride Identitäten: Basteibiografien im Spannungsverhältnis zwischen Lateinamerika und Europa*. Bielefeld: transcript Verlag.

HEINER, Maja, 2004. *Professionalität in der sozialen Arbeit: Theoretische Konzepte, Modelle und empirische Perspektiven*. Stuttgart: Verlag W. Kohlhammer.

HELFFERICH, Cornelia, 2011. *Die Qualität qualitativer Daten: Manual für die Durchführung qualitativer Interviews*. 4. Auflage. Wiesbaden: Springer VS.

HELFFERICH, Cornelia, 2019. Leitfaden- und Experteninterviews. In: Nina BAUR und Jörg BLASIUS, Hrsg. *Handbuch Methoden der empirischen Sozialforschung*. 2., vollständig überarbeitete und erweiterte Auflage. Wiesbaden: Springer VS, 669-686.

HOFSTEDE, Geert, Gert Jan HOFSTEDE und Michael MINKOV, 2011. *Lokales Denken, globales Handeln: Interkulturelle Zusammenarbeit und globales Management*. 6. vollständig überarbeitete und aktualisierte Auflage. München: dtv.

HÖRNING, Karl H., 2011. Kultur als Praxis. In: Friedrich JAEGER und Burkhard LIEBSCH, Hrsg. *Handbuch der Kulturwissenschaften: Grundlagen und Schlüsselbegriffe*. Stuttgart: J.B. Metzler, 139-151.

HUNTINGTON, Samuel P., 2002. *The clash of civilizations and the remarking of world order*. London: The Free Press.

JAGUSCH, Birgit, 2014. Migrationssensibler Kinderschutz. In: Stefan GAITANIDES, Hrsg. *Interkulturelle Öffnung im Kinderschutz: Erfahrungen aus den Praxisfeldern*. Berlin: LebensWelt, 37-40.

JÄHNERT, Alexandra und Eveline REISENAUER, 2020. Aufwachsen in Migrationsfamilien. *DJI Impulse*. (1), 15-19.

KAISER, Robert, 2014. *Qualitative Experteninterviews: Konzeptionelle Grundlagen und praktische Durchführung*. Wiesbaden: Springer VS.

KALPAKA, Annita und Paul MECHERIL, 2010. >>Interkulturell<<. Von spezifisch kulturalistischen Ansätzen zu allgemein reflexiven Perspektiven. In: Paul MECHERIL, Maria DO MAR CASTRO VARELA, İnci DIRIM, Annita KALPAKA und Claus MELTER, Hrsg. *Migrationspädagogik*. Weinheim: Beltz Verlag, 77-98.

KAMIN, Anna Maria, 2021. *Dokumentarische Methode* [Online-Quelle] [Zugriff am 10.05.2021]. Verfügbar unter: https://blogs.uni-pader-born.de/fips/2014/11/26/dokumentarische-methode/

KASCHUBA, Wolfgang, 2011. Öffentliche Kultur - Kommunikation, Deutung und Bedeutung. In: Friedrich JAEGER und Burkhard LIEBSCH, Hrsg. *Handbuch der Kulturwissenschaften: Grundlagen und Schlüsselbegriffe.* Stuttgart: J.B. Metzler, 128-138.

KENNEDY, Hilary, 2011. What is Video Interaction Guidance (VIG)? In: Hilary KENNEDY, Miriam LANDOR und Liz TODD, Hrsg. *Video interaction guidance: A relationship-based intervention to promote attunement, empathy and wellbeing.* London: Jessica Kingsley Publishers, 20-42.

KLEIN, Regina, 2018. Kulturtheorien. In: Hans-Uwe OTTO, Hans THIERSCH, Rainer TREPTOW und Holger ZIEGLER, Hrsg. *Handbuch Soziale Arbeit: Grundlagen der Sozialarbeit und Sozialpädagogik.* 6., überarbeitete Auflage. München: Ernst Reinhardt Verlag, 893-905.

KÖNGETER, Stefan, 2009. *Relationale Professionalität: Eine empirische Studie zu Arbeitsbeziehungen mit Eltern in den Erziehungshilfen.* Baltmannsweiler: Schneider Verlag Hohengehren.

KÖNGETER, Stefan, 2013. Professionalität in den Erziehungshilfen. In: Roland BECKER-LENZ, Stefan BUSSE, Gudrun EHLERT und Silke MÜLLER-HERMANN, Hrsg. *Professionalität in der Sozialen Arbeit: Standpunkte, Kontroversen, Perspektiven.* 3., durchgesehene Auflage. Wiesbaden: VS Verlag für Sozialwissenschaften, 183-202.

KOTTHAUS, Jochem, 2020. *FAQ Methoden der empirischen Sozialforschung für die Soziale Arbeit und andere Sozialberufe.* Opladen: Verlag Barbara Budrich.

KOZIOL, Klaus, 2003. Globalisierung oder die Renaissance der Region. In: Andreas DORNHEIM und Sylvia GREIFFENHAGEN, Hrsg. *Identität und politische Kultur.* Stuttgart: Kohlhammer, 54-63.

KRAIS, Beate und Gunter GEBAUER, 2017. *Habitus.* 7., unveränderte Auflage: transcript Verlag.

KRAPPMANN, Lothar, 2016. *Soziologische Dimensionen der Identität: Strukturelle Bedingungen für die Teilnahme an Interaktionsprozessen.* Stuttgart: Klett-Cotta.

KREUZER, Max, 1999a. Einordnung des Video-Home-Training und seiner Grundlagen in die fachliche Diskussion. In: Max KREUZER und Helga RÄDER, Hrsg. *Video-Home-Training: Kommunikation im pädagogischen Alltag - Eine erprobte Methode (nicht nur) in der Familienhilfe.* 2., erweiterte Auflage. Mönchengladbach: Fachhochschule Niederrhein Fachbereich Sozialwesen, 373-427.

KREUZER, Max, 1999b. Einschätzung der Methode des Video-Home-Training durch die Eltern. In: Max KREUZER und Helga RÄDER, Hrsg. *Video-Home-Training: Kommunikation im pädagogischen Alltag - Eine erprobte Methode (nicht nur) in der Familienhilfe.* 2., erweiterte Auflage. Mönchengladbach: Fachhochschule Niederrhein Fachbereich Sozialwesen.

KRÜGER, Rolf und Gerhard ZIMMERMANN, 2009. Strukturen, Leistungen und andere Aufgaben der Jugendhilfe. In: Angelika HENSCHEL, Rolf KRÜGER, Christof SCHMITT und Waldemar STANGE, Hrsg. *Jugendhilfe und Schule: Handbuch für eine gelingende Kooperation.* 2. Auflage. Wiesbaden: VS Verlag für Sozialwissenschaften, 125-151.

KUCKARTZ, Udo und Stefan RÄDIKER, 2019. Datenaufbereitung und Datenbereinigung in der qualitativen Sozialforschung. In: Nina BAUR und Jörg BLASIUS, Hrsg. *Handbuch Methoden der empirischen Sozialforschung.* 2., vollständig überarbeitete und erweiterte Auflage. Wiesbaden: Springer VS, 441-456.

KUCKARTZ, Udo, 2018. *Qualitative Inhaltsanalyse. Methoden, Praxis, Computerunterstützung.* 4. Auflage. Weinheim: Beltz Juventa.

KUCKARTZ, Udo, Thorsten DRESING, Stefan RÄDIKER und Claus STEFER, 2008. *Qualitative Evaluation: Der Einstieg in die Praxis.* 2., aktualisierte Auflage. Wiesbaden: VS Verlag für Sozialwissenschaften.

KÜHN, Thomas und Kay-Volker KOSCHEL, 2018. *Gruppendiskussionen.* Wiesbaden: Springer Fachmedien.

LAMNEK, Siegfried und Claudia KRELL, 2016. *Qualitative Sozialforschung: Mit Online-Materialien.* 6., überarbeitete Auflage. Weinheim: Beltz.

LETTAU, Antje und Franz BREUER, 2007. Forscher/innen-Reflexivität und qualitative sozialwissenschaftliche Methodik in der Psychologie. *Journal für Psychologie.* **15**(2).

LIEBSCH, Burkhard, 2008. *Menschliche Sensibilität: Inspiration und Überforderung.* 1. Auflage. Weilerswist: Velbrück Wissenschaft.

LOCHNER, Susanne, 2020. Zuwanderung nach Deutschland: Demografische Entwicklungen. In: DEUTSCHES JUGENDINSTITUT E.V., Hrsg. *DJI-Kinder- und Jugendmigrationsreport 2020: Datenanalyse zur Situation junger Menschen in Deutschland.* Bielefeld: Media GmbH & Co. KG, 6-47.

LOOS, Peter und Burkhard SCHÄFFER, 2001. *Das Gruppendiskussionsverfahren: Theoretische Grundlagen und empirische Anwendung.* Wiesbaden: VS Verlag für Sozialwissenschaften.

LÜDDEMANN, Stefan, 2019. *Kultur: Eine Einführung.* 2., erweiterte und überarbeitete Auflage. Wiesbaden: Springer Fachmedien Wiesbaden.

LUDWIG und CHRIS, 2014. Chancengerechte Beratung in gesellschaftlicher Vielfalt. In: Elisabeth VANDERHEIDEN und Claude-Hélène MAYER, Hrsg.

Handbuch interkulturelle Öffnung: Grundlagen, Best Practice, Tools ; mit ... 15 Tabellen. Göttingen: Vandenhoeck & Ruprecht, 410-421.

LUTTER, Christina, 2014. What Do We Translate when We Translate? Context, Process, and Practice as Categories of Cultural Analysis. In: Doris BACH-MANN-MEDICK, Hrsg. *The Trans/National Study of Culture: A Translational Perspective.* Berlin: De Gruyter, 155-167.

MANNHEIM, Karl, 1952. *Essays on the sociology of knowledge.* London: Routledge & Kegan Paul.

MANNHEIM, Karl, 1964. *Wissenssoziologie: Auswahl aus dem Werk.* Berlin: Luchterhand.

MAYER, Claude-Hélène und Elisabeth VANDERHEIDEN, 2014. Grundlagentexte: Begriffe und Konzepte im Kontext interkultureller Öffnung. In: Elisabeth VANDERHEIDEN und Claude-Hélène MAYER, Hrsg. *Handbuch interkulturelle Öffnung: Grundlagen, Best Practice, Tools ; mit ... 15 Tabellen.* Göttingen: Vandenhoeck & Ruprecht, 29-65.

MAYRING, Philipp, 2015. *Qualitative Inhaltsanalyse: Grundlagen und Techniken.* 12., überarbeitete Auflage. Weinheim: Beltz Verlag.

MECHERIL, Paul, 2010a. Anerkennung und Befragung von Zugehörigkeitsverhältnissen. Umriss einer migrationspädagogischen Orientierung. In: Paul MECHERIL, Maria DO MAR CASTRO VARELA, İnci DIRIM, Annita KALPAKA und Claus MELTER, Hrsg. *Migrationspädagogik.* Weinheim: Beltz Verlag, 179-191.

MECHERIL, Paul, 2010b. Migrationspädagogik. Hinführung zu einer Perspektive. In: Paul MECHERIL, Maria DO MAR CASTRO VARELA, İnci DIRIM, Annita KALPAKA und Claus MELTER, Hrsg. *Migrationspädagogik.* Weinheim: Beltz Verlag, 7-22.

MOTZKE, Katharina, 2013. *Soziale Arbeit als Profession: Zur Karriere "sozialer Hilfstätigkeit" aus professionssoziologischer Perspektive.* Opladen.

MÜLLER, Burkhard, 2011. Professionalität ohne Arbeitsbündnis? Eine Studie zu "niedrigschwelliger" Sozialer Arbeit. In: Roland BECKER-LENZ, Stefan BUSSE, Gudrun EHLERT und Silke MÜLLER, Hrsg. *Professionelles Handeln in der Sozialen Arbeit: Materialanalysen und kritische Kommentare.* 1. Auflage. Wiesbaden: VS Verlag für Sozialwissenschaften, 144-159.

MÜLLER, Burkhard, 2012. Professionalität. In: Werner THOLE, Hrsg. *Grundriss Soziale Arbeit: Ein einführendes Handbuch.* 4. Auflage. Wiesbaden: VS Verlag für Sozialwissenschaften, 955-974.

MÜLLER, Burkhard, 2017. *Sozialpädagogisches Können: Ein Lehrbuch zur multiperspektivischen Fallarbeit.* 8., überarbeitete und erweiterte Auflage. Freiburg: Lambertus-Verlag.

NENTWIG-GESEMANN, Iris, Bastian WALTHER, Elena BAKELS und Lisa-Marie MUNK, 2020. *Einführung in die Dokumentarische Methode Grundbegriffe und Arbeitsschritte* [Online-Quelle] [Zugriff am 10.05.2021]. Verfügbar unter: https://www.bertelsmann-stiftung.de/fileadmin/files/Projekte/Fruehkindliche_Bildung/Leitfaden_Weiterbildung_force_download/Einfu__hrung_in_die_Dokumentarische_Methode.pdf

NOHL, Arnd-Michael, 2017. *Interview und Dokumentarische Methode: Anleitungen für die Forschungspraxis.* 5., aktualisierte und erweiterte Auflage. Wiesbaden: Springer Fachmedien.

NÜNNING, Ansgar, 2009. *Vielfalt der Kulturbegriffe - Dossier Kulturelle Bildung* [Online-Quelle] [Zugriff am 18.08.2020]. Verfügbar unter: https://www.bpb.de/gesellschaft/bildung/kulturelle-bildung/59917/kulturbegriffe?p=all

OELKERS, Nina, 2009. Die Umverteilung von Verantwortung zwischen Staat und Eltern: Konturen post-wohlfahrtsstaatlicher Transformation eines sozialpädagogischen Feldes. In: Fabian KESSL und Hans-Uwe OTTO, Hrsg. *Soziale Arbeit ohne Wohlfahrtsstaat?: Zeitdiagnosen, Problematisierungen und Perspektiven.* Weinheim: Juventa-Verlag, 71-86.

OEVERMANN, Ulrich, 2002. Professionalisierungsbedürftigkeit und Professionalisiertheit pädagogischen Handelns. In: Margret KRAUL, Winfried MAROTZKI und Cornelia SCHWEPPE, Hrsg. *Biographie und Profession.* Bad Heilbrunn: Verlag Julius Klinkhardt, 19-63.

OEVERMANN, Ulrich, 2013. Die Problematik der Strukturlogik des Arbeitsbündnisses und der Dynamik von Übertragung und Gegenübertragung in einer professionalisierten Praxis von Sozialarbeit. In: Roland BECKER-LENZ, Stefan BUSSE, Gudrun EHLERT und Silke MÜLLER-HERMANN, Hrsg. *Professionalität in der Sozialen Arbeit*: *Standpunkte, Kontroversen, Perspektiven.* 3., durchgesehene Auflage. Wiesbaden: VS Verlag für Sozialwissenschaften, 119-147.

PEUCKERT, Rüdiger, 2012. *Familienformen im sozialen Wandel.* 8. Auflage. Wiesbaden, Germany: Springer VS.

PRZYBORSKI, Aglaja, 2004. *Gesprächsanalyse und dokumentarische Methode: Qualitative Auswertung von Gesprächen, Gruppendiskussionen und anderen Diskursen.* Wiesbaden: VS Verlag für Sozialwissenschaften.

QUALITATIVES METHODENPORTAL ZUR QUALITATIVEN SOZIAL-, UNTERRICHTS- UND SCHULFORSCHUNG, 2008. *Analyseschritte der Dokumentarischen Methode* [Online-Quelle] [Zugriff am 10.05.2021]. Verfügbar unter: https://quasus.ph-freiburg.de/analyseschritte-der-dokumentarischen-methode/

RÄDER, Helga, 1999a. Der fachliche Grundkonsens der Entwicklungen des Video-Home-Training. In: Max KREUZER und Helga RÄDER, Hrsg. *Video-Home-Training*: *Kommunikation im pädagogischen Alltag - Eine erprobte Methode (nicht nur) in der Familienhilfe.* 2., erweiterte Auflage. Mönchengladbach: Fachhochschule Niederrhein Fachbereich Sozialwesen, 77-96.

RÄDER, Helga, 1999b. Video-Home-Training im Rahmen der gesellschaftlichen Entwicklung von familiären Lebenswelten. In: Max KREUZER und Helga RÄDER, Hrsg. *Video-Home-Training: Kommunikation im pädagogischen Alltag - Eine erprobte Methode (nicht nur) in der Familienhilfe*. 2., erweiterte Auflage. Mönchengladbach: Fachhochschule Niederrhein Fachbereich Sozialwesen, 429-447.

RÄDIKER, Stefan und Udo KUCKARTZ, 2019. *Analyse qualitativer Daten mit MAXQDA: Text, Audio und Video*. Wiesbaden: Springer VS.

RAUSCHENBACH, Thomas, Jens POTHMANN und Agathe WILK, 2009. Armut, Migration, Alleinerziehende - HzE in prekären Lebenslagen: Neue Einsichten in die sozialen Zusammenhänge der Adressaten der Kinder- und Jugendhilfe. *KomDat Jugendhilfe* [Online-Quelle]. **12**(1), 9-11 [Zugriff am 22.03.2021]. Verfügbar unter: http://www.aba-fachverband.org/fileadmin/user_upload/user_upload_2009/statistik/komdat_2009_01.pdf

RECKWITZ, Andreas, 2008. *Unscharfe Grenzen: Perspektiven der Kultursoziologie*. 2., unveränderte Auflage. Bielefeld: Transcript.

REHBEIN, Boike und Hermann SCHWENGEL, 2008. *Theorien der Globalisierung*. Konstanz: UVK-Verlagsgesellschaft.

REUPERT, Andrea, 2007. Social Worker's Use of Self. *Clinical Social Work Journal*. **35**(2), 107-116.

RICHERT, Martina, 2018. Handlungsfeld Hilfen zur Erziehung. In: Karin BÖLLERT, Hrsg. *Kompendium Kinder- und Jugendhilfe*. Wiesbaden: Springer VS, 825-840.

SANDBOTHE, Mike, 2011. Medien - Kommunikation - Kultur.: Grundlagen einer pragmatischen Kulturwissenschaft. In: Friedrich JAEGER und Burkhard LIEBSCH, Hrsg. *Handbuch der Kulturwissenschaften: Grundlagen und Schlüsselbegriffe*. Stuttgart: J.B. Metzler, 119-127.

SANDER, Tobias, 2014. Soziale Ungleichheit und Habitus als Bezugsgrößen professionellen Handelns: Berufliches Wissen, Inszenierung und Rezeption von Professionalität. In: Tobias SANDER, Hrsg. *Habitussensibilität: Eine neue Anforderung an professionelles Handeln*. Wiesbaden: Springer VS, 9-36.

SCHAFFER, Hanne und Fabian SCHAFFER, 2020. *Empirische Methoden für Soziale Berufe: Eine anwendungsorientierte Einführung in die qualitative und quantitative Sozialforschung*. 1. Auflage. Freiburg im Breisgau: Lambertus.

SCHÄFTER, Cornelia, 2009. *Die Beratungsbeziehung in der Sozialen Arbeit: Eine theoretische und empirische Annäherung*. 1. Auflage. Wiesbaden: VS Verlag für Sozialwissenschaften.

SCHEPERS, Guy und Claudia KÖNIG, 2000. *Video-Home-Training: Eine neue Methode der Familienhilfe*. Weinheim: Beltz Verlag.

SCHEPERS, Guy, 1999. Einsatz von Video als Feedbackinstrument im Video-Home-Training. In: Max KREUZER und Helga RÄDER, Hrsg. *Video-Home-Training: Kommunikation im pädagogischen Alltag - Eine erprobte Methode (nicht nur) in der Familienhilfe*. 2., erweiterte Auflage. Mönchengladbach: Fachhochschule Niederrhein Fachbereich Sozialwesen, 109-127.

SCHIEMANN, Gregor, 2011. Natur - Kultur und ihr Anderes. In: Friedrich JAEGER und Burkhard LIEBSCH, Hrsg. *Handbuch der Kulturwissenschaften: Grundlagen und Schlüsselbegriffe*. Stuttgart: J.B. Metzler, 60-75.

SCHIER, Michaela und Karin JURCZYK, 2007. "Familie als Herstellungsleistung" in Zeiten der Entgrenzung. *APuZ* [Online-Quelle]. (34), 10-17 [Zugriff am 22.03.2021]. Verfügbar unter: https://www.bpb.de/apuz/30290/familie-als-herstellungsleistung-in-zeiten-der-entgrenzung?p=all

SCHIER, Michaela, 2009. Räumliche Entgrenzung von Arbeit und Familie: Die Herstellung von Familie unter Bedingungen von Multilokalität. *Informationen zur Raumentwicklung*. (1), 55-66.

SCHMIDT-LAUBER, Brigitta, 2013. Zum Kulturbegriff in der ethnologischen Migrationsforschung. In: Reinhard JOHLER, Christian MARCHETTI, Bernhard TSCHOFEN und Carmen WEITH, Hrsg. *Kultur_Kultur: Denken, Forschen, Darstellen : 38. Kongress der Deutschen Gesellschaft für Volkskunde in Tübingen vom 21. bis 24. September 2011*. 1. Auflage. Münster. Waxmann, 175-185.

SCHÖNPFLUG, Ute, 2008. Sozialisation in der Migrationsgesellschaft. In: Klaus HURRELMANN, Matthias GRUNDMANN und Sabine WALPER, Hrsg. *Handbuch Sozialisationsforschung*. 7., vollständig überarbeitete Auflage. Weinheim: Beltz, 217-228.

SCHRÖER, Hubertus, 2016. Interkulturelle Öffnung und Diversity Management - Konturen einer neuen Diversitätspolitik in der Sozialen Arbeit. In: Petia GENKOVA und Tobias RINGEISEN, Hrsg. *Handbuch Diversity Kompetenz: Band 2: Gegenstandsbereiche*. Wiesbaden: Springer Fachmedien, 85-96.

SCHWAMBORN, Corinna und Matthias HAHNEN, 2018. Familiale Lebenskontexte. In: Karin BÖLLERT, Hrsg. *Kompendium Kinder- und Jugendhilfe*. Wiesbaden: Springer VS, 439-466.

SÖYLER, Sevgi, Julia REIMER und Johannes KLOHA, 2015. Zugehörigkeitskonflikte im Spannungsfeld imaginierter Differenzlinien: Ideen zum Umgang mit natio-ethno-kulturellen Zuschreibungsprozessen in sozialarbeiterischer Forschung und Praxis. In: Sabine STÖVESAND und Dieter RÖH, Hrsg. *Konflikte - theoretische und praktische Herausforderungen für die soziale Arbeit*. Opladen: Verlag Barbara Budrich, 180-189.

STATISTISCHES BUNDESAMT, Hrsg., 2020. *Bevölkerung in Privathaushalten 2019 nach Migrationshintergrund* [Online-Quelle] [Zugriff am 26.04.2021]. Verfügbar unter: https://www.destatis.de/DE/Themen/Gesellschaft-Umwelt/Bevoelkerung/Migration-Integration/Tabellen/migrationshintergrund-alter.html

STATISTISCHES BUNDESAMT, Hrsg., 2021. *Datenreport 2021* [Online-Quelle]: *Familie, Lebensformen und Kinder. Verfügbar unter:* https://www.destatis.de/DE/Service/Statistik-Campus/Datenreport/Downloads/datenreport-2021-kap-2.pdf?__blob=publicationFile

STAUB-BERNASCONI, Silvia, 2007. Soziale Arbeit : Dienstleistung oder Menschenrechtsprofession?: Zum Selbstverständnis Sozialer Arbeit in Deutschland mit einem Seitenblick auf die internationale Diskussionslandschaft. In: Andreas LOB-HÜDEPOHL und Walter LESCH, Hrsg. *Ethik Sozialer Arbeit: Ein Handbuch.* 1. Auflage. Paderborn: Schöningh, 20-54.

STAUB-BERNASCONI, Silvia, 2018. *Soziale Arbeit als Handlungswissenschaft: Soziale Arbeit auf dem Weg zu kritischer Professionalität.* 2., vollständig überarbeitete und aktualisierte Ausgabe. Opladen: UTB.

STOŠIĆ, Patricia, 2017. Kinder mit ‚Migrationshintergrund': Reflexionen einer (erziehungs-) wissenschaftlichen Differenzkategorie. In: Isabell DIEHM, Melanie KUHN und Claudia MACHOLD, Hrsg. *Differenz - Ungleichheit - Erziehungswissenschaft: Verhältnisbestimmungen im (Inter-) Disziplinären.* Wiesbaden: Springer VS, 81-101.

STRAUB, Jürgen, Steffi NOTHNAGEL und Arne WEIDEMANN, 2010. Interkulturelle Kompetenz lehren: Begriffliche und theoretische Voraussetzungen. In: Arne WEIDEMANN, Jürgen STRAUB und Steffi NOTHNAGEL, Hrsg. *Wie lehrt man interkulturelle Kompetenz?: Theorien, Methoden und Praxis in der Hochschulausbildung - Ein Handbuch.* Bielefeld: transcript Verlag, 15-27.

STROUCKEN, Ton, 1994. Wie baue ich erfolgreich einen Kontakt auf? In: SPIN DEUTSCHLAND, Hrsg. *Video-Home-Training Reader 1: Grundlagen zu Theorie und Praxis.* 1. Aufl. Düsseldorf: SPIN, 12-20.

TABEL, Agathe, 2020. Junge Menschen mit Migrationshintergrund in den Hilfen zur Erziehung und Inobhutnahmen: Hilfen zur Erziehung. In: DEUTSCHES JUGENDINSTITUT E.V., Hrsg. *DJI-Kinder- und Jugendmigrationsreport 2020: Datenanalyse zur Situation junger Menschen in Deutschland.* Bielefeld: Media GmbH & Co. KG, 169-189.

THIERSCH, Hans, 2014. *Lebensweltorientierte Soziale Arbeit: Aufgaben der Praxis im sozialen Wandel.* 9. Auflage. Weinheim: Beltz Juventa.

THOMAS, Alexander, Stefan KAMMHUBER und Stefan SCHMID, 2005. Interkulturelle Kompetenz und Akkulturation. In: Urs FUHRER und Haci-Halil USLUCAN, Hrsg. *Familie, Akkulturation und Erziehung: Migration zwischen Eigen- und Fremdkultur.* Stuttgart: Kohlhammer, 187-205.

UHLENDORFF, Uwe, Matthias EUTENEUER und Kim-Patrick SABLA, 2013. *Soziale Arbeit mit Familien.* München: Ernst Reinhardt Verlag.

WAHL, Wulf-Bodo und Karin ULLRICH, 2014. Transkulturalität in personenbezogenen Dienstleistungen - die Entwicklung reflexiver und selbstreflexiver Kompetenz. In: Elisabeth VANDERHEIDEN und Claude-Hélène MAYER, Hrsg.

Handbuch interkulturelle Öffnung: Grundlagen, Best Practice, Tools ; mit ... 15 Tabellen. Göttingen: Vandenhoeck & Ruprecht, 357-370.

WATZLAWICK, Paul, Janet Beavin BAVELAS und Don D. JACKSON, 1967. *Pragmatics of human communication: A study of interactional patterns, pathologies, and paradoxes.* New York: Norton.

WELSCH, Wolfgang, 1997. Transkulturalität: Zur veränderten Verfassung heutiger Kulturen. In: Irmela SCHNEIDER und Christian Werner THOMSEN, Hrsg. *Hybridkultur. Medien, Netze, Künste.* Köln: Wienand, 67-90.

WENDT, Peter-Ulrich, 2017. *Lehrbuch Methoden der Sozialen Arbeit.* 2., überarb. Aufl. Weinheim: Beltz Juventa.

Anhang

12.1 Dokumente teilnarrative Leitfadeninterviews

Tab. 2: Transkriptionsregeln für die teilnarrativen Leitfadeninterviews (Dresing und Pehl 2018: 21–24)

Regel	Beispiel
Es wird wörtlich transkribiert, also nicht lautsprachlich oder zusammenfassend.	
Wortverschleifungen werden an die Schriftsprache angenähert.	„What are you doin'?" wird zu "What are you doing?"
Umgangssprachliche Äußerungen werden transkribiert.	„This ain't right."
Rezeptionssignale und Fülllaute aller Personen („hm, yes, aha, ähm" etc.) werden transkribiert.	
Wortdoppelungen werden nur erfasst, wenn sie als Stilmittel zur Betonung genutzt werden.	„This is very, very important."
Emotionale nonverbale Äußerungen, welche die Aussagen unterstützen oder verdeutlichen werden beim Einsatz in Klammern notiert.	„And then I went home (sighs)."
Interpunktion wird zugunsten der Lesbarkeit geglättet, das heißt, bei kurzem Senken der Stimme oder nicht eindeutiger Betonung wird eher ein Punkt als ein Komma gesetzt.	
Wort- und Satzabbrüche werden mit „/" markiert	
Halbsätze, denen die Vollendung fehlt, werden mit dem Abbruchzeichen „/" gekennzeichnet	
Pausen werden je nach Länge durch Auslassungspunkte in Klammern markiert.	1 Sekunde (.) 2 Sekunden (..) usw.
Besonders betonte Wörter oder Äußerungen werden durch Versalien gekennzeichnet.	„I like you a LOT."
Wird in der Aufnahme wörtliche Rede zitiert, wird das Zitat in Anführungszeichen gesetzt.	„And I said to him ‚Sit down and listen'."
Unverständliche Wörter werden mit „(unv.)" gekennzeichnet. Vermutet man einen Wortlaut, wird die Passage mit einem Fragezeichen in Klammern gesetzt.	

Jeder Sprecherbeitrag erhält eigene Absätze. Zwischen den Sprechern gibt es eine freie, leere Zeile. Auch kurze Einwürfe werden in einem separaten Absatz transkribiert. Mindestens am Ende eines Absatzes werden Zeitmarken eingefügt.	
Die interviewende Person wird durch ein „I:", die befragte Person durch ein „B:" gekennzeichnet	

12.2 Dokumente problemzentrierte Gruppendiskussion

Tab. 3: Transkriptionsregeln für die problemzentrierte Gruppendiskussion (Bohnsack 2021: 255–257)

Regel	Beispiel/ Zeichen
Es wird wort- und lautgetreu transkribiert, also nicht lautsprachlich oder zusammenfassend.	
Beginn einer Überlappung bzw. direkter Anschluss beim Sprecherwechsel	⌊
Ende einer Überlappung	⌋
Besonders betonte Wörter oder Äußerungen werden unterstrichen.	„Das war nicht in Ordnung"
Besonders laut gesprochene Wörter oder Äußerungen werden fett markiert.	**„Nein"**
Besonders leise gesprochene Wörter oder Äußerungen werden mit ° markiert.	„°Nein°"
Stark sinkende Intonation.	.
Schwach sinkende Intonation.	;
Stark steigende Intonation.	?
Schwach steigende Intonation.	,
Abbruch eines Wortes	„Vielleich-"
Wortverschleifung	„oh=nee"
Dehnung, die Häufigkeit vom : entspricht der Länge der Dehnung	„nei::n"
Unverständliche Wörter werden mit Klammern verdeutlicht. Die Länge der Klammer entspricht etwa der Dauer der unverständlichen Äußerung. Vermutet man einen Wortlaut, wird die Passage in Klammern gesetzt.	( ) (doch)

Hauptwörter werden großgeschrieben, und bei Neuansetzen eines Sprechers/einer Sprecherin wird das erste Wort mit Großbuchstaben begonnen.	
Nach Satzzeichen wird klein weitergeschrieben, um deutlich zu machen, dass Satzzeichen die Intonation anzeigen und nicht grammatikalisch gesetzt werden.	
Kommentare bzw. Anmerkungen zu parasprachlichen, nicht-verbalen oder gesprächsexternen Ereignissen werden beim Einsatz in doppelten Klammern notiert.	„Und dann ging ich nach Hause ((seufzt))
Pausen werden je nach Länge durch Auslassungspunkte oder Zahlen in Klammern markiert.	1 Sekunde (.) 2 Sekunden (2) usw.
Alle Ortsangaben (Straße, Plätze, Bezirke) werden maskiert.	
Namen, die im Interview genannt werden, werden durch erdachte Namen ersetzt. Dabei versuchen wir, einen Namen aus dem entsprechenden Kulturkreis zu nehmen, bspw. könnte „Mehmet" zu „Kamil" werden.	
Jeder Sprecherbeitrag erhält eigene Absätze. Zwischen den Sprechern gibt es eine freie, leere Zeile. Auch kurze Einwürfe werden in einem separaten Absatz transkribiert. Die Zeilen werden durchlaufend nummeriert. Am Ende eines Absatzes werden Zeitmarken eingefügt.	
Allen Personen einer Gruppendiskussion wird ein Buchstabe zugewiesen. Diesem wird je nach Geschlecht „f" (für weiblich) oder „m" (für männlich) hinzugefügt.	

Gruppendiskussion Beispiel Reflexive Interpretation

1. Passage Kulturverständnis der Gruppe

32-34 Proposition A durch Y

Die Interviewerin (*Y*) greift ein Thema auf, dass die Gruppe im Fortbildungskontext bereits gestreift, jedoch noch nicht ausführlich erörtert hat. Somit wird an bereits angestoßene Denkmuster angeknüpft und die Gruppe nicht nur als Expert*innen des Arbeitsfeldes, sondern nun auch als Expert*innen der Thematik „Kultur" angesprochen. Durch die Proposition wird folgender Orientierungsgehalt repräsentiert: Die Kultur eines Menschen entwickelt sich in der Kindheit. Der Mensch ist Objekt der Entwicklung und kann nicht anders, als die ihm vorgelebte Kultur anzunehmen. Die kontroverse These soll nun näher ausgeführt werden und es entsteht eine Forderung zu Positionierung für die Diskussionsteilnehmer*innen.

35-47 Elaboration A in Form von Differenzierung und Antithese durch Am und Bf

Die Proposition wird durch die Gruppe aufgegriffen, jedoch gleich eingeschränkt und in eine andere Richtung gelenkt. Von einer Elaboration sprechen wir hier, weil in einer Weiterbearbeitung des Themas zugleich auch die Orientierung weiterbearbeitet wird. Dabei werden zwei Ebenen der Proposition differenziert. Zum einen der Entwicklungszeitraum von Kultur, zum anderen die Rolle des Menschen im Prozess. *Am* und *Bf* widersprechen dem Orientierungsgehalt in Bezug auf den Entwicklungszeitraum in einer scheinbaren Opposition, greifen den Sinngehalt jedoch in Worten auf und erweitert ihn durch die Perspektive auf verschiedene lebenslange Faktoren, welche die Kultur eines Menschen prägen. *Bf* rahmt ihre Haltung dadurch ein, dass sie sie als Ergebnis ihrer ganz persönlichen Erfahrung wertet und relativiert somit den universalen Wahrheitsanspruch der Orientierung. Hier wird ein Moment der Nähe zum Thema sichtbar. Die Sprecher*innen stimmen sich daraufhin ab, wie genau die neue Beschreibung des Gesagten ausfallen soll. Darin drückt sich zunächst eine große Einstimmigkeit in der Perspektive der Betrachtung des erweiterten Orientierungsgehalts aus: Die Kultur eines Menschen entwickelt sich auch in der Kindheit, wird jedoch im Laufe des Lebens noch durch andere Faktoren geprägt. Durch Formulierungen wie „Menschen, die irgendwo hinwandern oder ihr Ort wechseln" (Pos. 36-37) und den Bezug darauf, „dass (.) kulturelles Lernen eigentlich en leben- ein lebenslanger Prozess sein kann" (Pos. 42-44) wird der Mensch als aktives Wesen im Aneignungsprozess von Kultur begriffen. Hier zeigt sich der antithesische Gehalt der Aussagen in Bezug auf die Proposition zur Rolle des Menschen im Prozess.

48-54 Konkludierende Validierung und Antithese A durch Cm

Cm wiederholt in einer näheren Beschreibung noch einmal, was in Bezug auf den Entwicklungszeitraum gesagt wurde. Der ausdifferenzierte Orientierungsgehalt wird mit „Ich kann dem teilweise zustimmen" (Pos. 48) validiert. Durch abfallende Tonalität des Gesagten und die anschließende kurze Pause drückt sich aus, dass in diesem Zusammenhang scheinbar alles Notwendige gesagt wurde, das Thema und auch die Orientierung für die Gruppe hinreichend bearbeitet ist und man sich ab nun nur noch wiederholen könnte.

In *Cms* Aussage wird jedoch auch wieder auf den zweiten Aspekt der Proposition, die Rolle des Menschen im Prozess hingewiesen. Diese wird, anders als durch *Am* und *Bf*, bestätigt. Die aktive Vokabel des Lernens wird durch die des Prägens, als passiven Prozess ersetzt. Hier werden nun zwei verschiedene Orientierungsgehalte aufgeworfen: Einerseits der Mensch als Subjekt im kulturellen Prozess, andererseits als Objekt.

56 Nachfrage mit Gehalt einer Anschlussproposition A durch Y

Die Interviewerin greift die bisher noch als Antithesen vorhandenen Orientierungsgehalte in Bezug auf die Rolle des Menschen im Prozess auf und provoziert eine vertiefende Diskussion durch die Nachfrage „Das heißt ein Mensch kann seine Kultur selbst nicht verändern" (Pos. 56).

57-63 Antithese und Elaboration A durch Df

Df distanziert sich zunächst von einer Bearbeitung des Themas und verweist mit „Ich weiß jetzt nicht genau, was genau was da mit Kultur gemeint isch" (Pos. 57-58) auf den Orientierungsrahmen „Kulturverständnis", den die Gruppe sich am Erarbeiten ist. Als Aussage formuliert, kann dies als Aufforderung an die Gruppe verstanden werden, sich in der folgenden Diskussion noch stärker mit dem Wesen von Kultur zu beschäftigen. Trotz der Distanziertheit zum Thema und Unsicherheit in Bezug auf den Wesensgehalt von Kultur, lehnt *Df* die erneute Proposition ab und schließt sich dem Orientierungsgehalt „Mensch als Subjekt" an. Für eine Positionierung scheint eine genaue Definition des Kulturbegriffs für *Df* nicht nötig zu sein und sie ist sich in ihrer Aussage sehr sicher. Dies wird durch die Betonung des Adverbs „immer" in der Aussage „weil ich bin der Überzeugung dass ein Mensch sich immer verändern kann" (Pos. 58-59) deutlich. Anschließend untermauert sie ihre Haltung mit dem Verweis auf unterschwellige, von außen nicht sichtbare Veränderungen eines Menschen, die dennoch von ihm aktiv durchgeführt werden.

64- 68 Validierung A durch Ef

Ef validiert die Antithese von *Df* durch die bestätigende Äußerung „Ich muss dir zustimmen ich find des au" (Pos. 64). Anschließend wird die Aussage wortgleich wiederholt, was einer Fokussierung gleichkommt. Diese lässt sich als Ausdruck einer totalen Übereinstimmung fassen bzw. als Bestätigung, dass etwas treffend, entsprechend, richtig dargestellt ist - auch was das „Wie" der Darstellung, also den Orientierungsgehalt, betrifft. Der Orientierungsgehalt „Mensch als Subjekt" wird weitergetragen.

69-74 Validierung A und Proposition B durch Am

Auch *Am* bestätigt den Orientierungsgehalt „Mensch als Subjekt" indem zusammenfassend dargelegt wird: „Also (.) Kultur kann man sich annehmen." (Pos. 69). Im Zusammenhang mit dem Thema wird auf den Auftrag von *Df* reagiert und für Kultur erstmalig folgender Orientierungsgehalt aufgeworfen: Kultur als etwas Künstlerisches. Wir sprechen daher von einer Proposition.

75-80 Validierung A und Proposition C durch Bf

Bf geht nicht direkt auf den neuen Orientierungsgehalt ein, sondern validiert noch einmal die Position „Mensch als Subjekt". Gleichzeitig wirft sie einen neuen Orientierungsgehalt auf, da die Idee „Mensch als Subjekt" nur „hier bei uns" (Pos. 75) gegeben ist und die in anderen Ländern anders ist („ich denk es gibt vielleicht andere Länder" (Pos. 77-78)). Kultur wird hier als etwas länderspezifisches gedacht. Das „hier bei uns" (Pos. 75) verdeutlicht eine abgrenzende und unterscheidende Haltung zu Kulturen außerhalb der eigenen Landesgrenzen.

81-84 Validierung C durch Gf

Gf schließt an den Orientierungsgehalt der Aussage an, indem sie den Kulturkreis ihrer Adressat*innen mit deren (Herkunfts-)Nationalität begründet. Durch die Aussage „oder die Generation davor" (Pos. 83) wird deutlich, dass sie sich hier auf eine Migrationsgeschichte der Adressat*innen bezieht, die entweder selbst oder deren Elterngeneration aus „nem anderen Kulturkreis" (Pos. 82), sprich einem anderen Land kommen. Das „switchen" (Pos. 84) zwischen den Kulturen der Adressat*innen wird so als wechselnder Bezug der landesspezifischen Herkunftskultur zur nun aktuellen deutschen Kultur verstanden. Deutlich wird, dass diese zwei Kulturen hier als abgegrenzt und different verstanden werden, was das beobachte „switchen" erst möglich macht. Deutlich wird auf Folgendes: Im Redebeitrag wird über „Andere" gesprochen und scheinbar nicht anfechtbare Tatsachen in den Raum gestellt. Mit dem Bezug zu den Adressat*innen spricht *Gf* in ihrer Rolle als Fachkraft, grenzt sich somit zu diesen ab und nimmt eine außenstehende, scheinbar objektive Beobachterinnenrolle ein. Sie selbst distanziert sich durch die eingenommene Position als Außenstehende scheinbar vom der hier transportierte Orientierung „Abgrenzung und Differenz", wodurch diese in doppelter Hinsicht inhaltlich sowie als Orientierungsgehalt transportiert wird.

89-106 Konklusion A und Antithese B durch Hm

Hm greift beide Orientierungsgehalte „Mensch als Subjekt/Objekt" auf und vereint diese in einer Konklusion. Durch tatsächliche Benennung der zwei Horizonte, werden diese aus dem konjunktiven Wissen in den kommunikativen Bereich transportiert und so der Gruppe vor Augen geführt. Der neue Orientierungsgehalt kann als „Mensch sowohl als Subjekt als auch als Objekt" bezeichnet werden. Innerhalb der Konklusion wird von *Hm* Bezug auf die Proposition von *Am* genommen und eine Antithese formuliert. Der zweite Orientierungsrahmen kann als ein Verständnis von Kultur als persönliche Eigenheiten dokumentiert werden:

„betrachte es als meine (.) ä::h Persönlichkeitseigenschaft. ich hab auch selber in meiner Person eine Integration gelebt über die Jahre ja. (2) also Integration von Kulturen mein ich °mh°." (Pos. 102-106). Die persönlich gemachten Erfahrungen und ich-bezogenen Erzählungen lassen eine Nähe zum Thema vermuten und unterstreichen, dass *Hm* hinter seinen Aussagen steht.

107-108 Nachfrage zur Proposition C durch Y

Die Interviewerin spitzt so den propositionalen Gehalt zu und bringt ihn auf den Punkt.

109- 120 Opposition C durch Hm

Hm greift die Orientierungsgehalte „länderspezifische Kultur" und „Differenz und Abgrenzung" der Aussage auf und differiert sie dahingehend, dass ihm kulturelle Persönlichkeitseigenschaften aufgrund seiner Nationalität zugeschrieben werden, er diese jedoch in seiner Person verbindet und sie nicht als abgegrenzt erlebt. Hier wird Kultur zwar als etwas national Geprägtes verstanden, die fiktiven Grenzen jedoch aufgelöst und Kultur als hybrides Gebilde erlebt, wodurch sich ein oppositioneller Gegenhorizont „Hybride Transkulturalität" zum Orientierungsgehalt „Abgrenzung und Differenz" eröffnet.

121-130 Differenzierung C durch Bf

Der Orientierungsgehalt „länderspezifische Kultur" weiter ausdifferenziert und dargelegt, dass Kultur sowohl in größeren als auch kleineren Systemen gefasst werden kann. Kulturelle Zugehörigkeit wird als etwas gemischtes „Individuelles" (Pos. 131) aufgefasst. Es entsteht Nähe zum transportierten Orientierungsgehalt durch den Bezug zu den in der eigenen Familie vorhandenen Kulturen („bei mir in der Familie" Pos.125). Hier scheinen die Sprecher*innen sich ausdrücklich zur Orientierung zu bekennen und diese zu unterstützen.

131-138 Divergente (B) Differenzierung C Am

Durch eine Differenzierung von *Am* wird die Grenze von Kultur weiter aufgelöst, indem im Zuge der Globalisierung eine zunehmende Globalkultur konstatiert wird. Diese Aussage zeigt sich jedoch als Divergenz, da sich hier zwar auf die Debatte um Grenzen von Kultur bezogen wird, dies jedoch vor der Rahmung „Kultur als Kunst" geschieht. Der Orientierungsrahmen „Kultur als Kunst" wird an dieser Stelle zum letzten Mal angebracht. *Am* „verliert" diesen so scheinbar im weiteren Gesprächsverlauf. Dies wird von ihm jedoch nicht direkt zur Sprache gebracht, es scheint eher, als ob er sich dem Konsens der Gruppe ergibt.

139-145 Versuch einer Konklusion C durch Cm

In der von *Cm* versuchten Konklusion werden die vorherigen Ausführungen zu den verschieden großen Zugehörigkeitskreisen von Kultur noch einmal vorgetragen, und es wird sich noch einmal deutlich von einer länderspezifischen Zuschreibung von Kulturen distanziert.

146-159 Differenzierung C durch Im

Im greift beide Orientierungsgehalte erneut auf und setzt sie vor einen neuen Rahmen, wodurch der unterschwellige, politische Gehalt der beiden Orientierungen zur Sprache gebracht wird. So wird die geteilte Auffassung „Transkulturalität" und „Hybridität" gleichgesetzt mit „modern" (Pos. 154) und „Liberalismus" (Pos. 156) und so positiv konnotiert. Der Gegenhorizont „Abgrenzung" und „Differenz" wird somit als rückschrittliche Einstellung (Pos. 155) im Zuge des aufkommenden „Populismus" (Pos. 158) in „Teilen der Bevölkerung" (Pos. 148) gesehen. Die Einschränkung der Aussage von „Bevölkerung" auf die Betonung, dass lediglich Teile der Bevölkerung dieser Auffassung sind, lässt darauf schließen, dass hier auf eine nicht gern gesehene Minderheit verwiesen wird.

160-166 Rituelle Synthese durch Df

Im Versuch, das Thema schlichtend abzuschließen, wird in einer rituellen Synthese darauf verwiesen, dass „was es alles noch gibt auf dieser ganzen Welt, des des kann ich gar nicht erfassen." (Pos. 165-166). So wird versucht die Diskussion mit dem Hinweis zu unterbrechen, dass sich niemand als Expert*in für die besprochenen Themen ausweisen und somit auch niemandem Recht oder Unrecht zugewiesen werden kann. Die oppositionellen Gegenhorizonte kommen somit zu keiner gemeinsamen konsensfähigen thematischen Konklusion.

Tab. 4: Begrifflichkeiten der Diskursorganisation (Gruppendiskussion)

Proposition	Der Begriff Proposition bezeichnet einen Orientierungsgehalt von Äußerungen bzw. Diskurseinheiten. Etwas proponieren bedeutet einen Orientierungsgehalt aufwerfen. Bei der Beschreibung des Diskurses wird von einer Proposition gesprochen, wenn eine Orientierung (meist am Anfang eines neuen Themas) in einer Passage erstmalig aufgeworfen wird (Przyborski 2004: 62–64).
Interviewfrage mit propositionalem Gehalt	Bei Fragen durch die Interviewende, in denen ein neues Thema initiiert wird (Przyborski 2004: 67–68).
Elaboration (einer Proposition)	Eine Elaboration ist eine Aus- oder Weiterbearbeitung einer Orientierung z.B. mit Argumenten, Beispielen oder in Form von Erzählungen oder Beschreibungen (Przyborski 2004: 69).
Differenzierung (einer Proposition)	Eine Differenzierung stellt auch um eine Weiterbearbeitung eines Orientierungsgehalts dar, ähnlich einer Elaboration. In einer Differenzierung wird ein Orientierungsgehalt modifiziert, erweitert oder auch in eine andere Richtung gelenkt. Eine Differenzierung ist auch eine Elaboration (Przyborski 2004: 69–70).
Validierung	Als Validierungen werden Bestätigungen von Propositionen bezeichnet. Dies geschieht entweder durch direkt verbalisierte Zustimmung oder durch bestätigendes Aufgreifen eines Teils des Orientierungsgehalts oder der gesamten aufgeworfenen Orientierung (Przyborski 2004: 70).
Antithese und Synthese	Eine Antithese bezeichnet eine Verneinung einer Proposition (Aufwerfen eines Gegenhorizonts zum Orientierungsgehalt). Eine Auflösung der gegenläufigen Horizonte nennt man Synthese. Synthesen sind Konklusionen (Przyborski 2004: 71–72).
Opposition	Bei einem oppositionellen Diskurs kommt es zu keinen abschließenden Synthesen. Eine Opposition stellt einen Gegenhorizont zu einer Proposition dar, ist mit dieser aber unvereinbar (Przyborski 2004: 72).
Divergenz	Während bei einer Opposition die Nicht-Vereinbarkeit von Orientierungen (auch für die Gruppe) deutlich wird, bleiben die Gegenhorizonte bei einer Divergenz für die Teilnehmenden unbemerkt. Die Teilnehmenden beziehen sich im Diskurs nur scheinbar aufeinander, reden aufgrund unter-

	schiedlicher Orientierungsrahmen jedoch aneinander vorbei. Scheinbare Konklusionen werden hier als rituelle Synthesen bezeichnet. „In rituellen Synthesen werden die widerstreitenden Orientierungen z.B. an einen anderen Schauplatz verlegt und dort in einer dritten Orientierung vereint. Darin dokumentiert sich aber, dass die unterschiedlichen Orientierungen für die in Frage stehenden Handlungsfelder bestehen bleiben" (Przyborski 2004: 73).
Konklusion	Konklusionen sind die Beendigung der Diskussion eines Orientierungsgehaltes (Przyborski 2004: 74).
Zwischenkonklusion	Eine Zwischenkonklusion ist eine Beendigungssequenz und ein Neuansetzen eines zuvor behandelten Orientierungsgehalts (Przyborski 2004: 76).